AMOR RADICAL

AMOR RADICAL

O amor como prática de transformação pessoal, econômica, social e ambiental

SATISH KUMAR

FUNDADOR DA Schumacher College *e*
EDITOR EMÉRITO DA *Resurgence & Ecologist*

Copyright © 2023 by Satish Kumar. All rights reserved.
No part of this book may be reproduced by any means, electronic or mechanical, or by any information storage and retrieval system, without permission in writing from Parallax Press.

Copyright © 2023 de Satish Kumar. Todos os direitos reservados.
Nenhuma parte deste livro pode ser reproduzida por qualquer meio, eletrônico ou mecânico, ou por qualquer sistema de armazenamento e recuperação de informações, sem permissão por escrito da Parallax Press.

Esta tradução foi realizada a partir do original em inglês *Radical Love* publicado pela Parallax Press, divisão editorial da Plum Village Community of Engaged Buddhism, Inc.

ISBN 978-65-89138-50-1

COORDENAÇÃO EDITORIAL
Isabel Valle

TRADUÇÃO
Fernanda Rocha Vidal

DESIGN DE CAPA
Jess Morphew

Nossos agradecimentos à consultoria Chie pelo apoio na publicação desta obra.

www.bambualeditora.com.br
conexao@bambualeditora.com.br

Todos os bons pensamentos,
palavras e ações
são permeados pelo amor!

Para Vinoba Bhave

*Silenciosamente
deixe-se levar
pela mais forte
atração do que
você realmente ama.*

– RUMI

SUMÁRIO

O amor como prática de transformação pessoal, econômica, social e ambiental — 9

Introdução — Amor Radical em tempos de crise — 15

PARTE UM — O Amor é tudo

1 Uma chuva de amor — 27
2 Amor por todos — 31
3 Unidade — 37
   • Meditando na Unidade da Vida — 41
4 Diversidade — 43
5 Uma ecologia do amor — 47
6 Uma trindade do amor — 51
7 Solo — 55
8 Sementes — 59
9 Água — 63
10 Um tributo à Mãe Terra — 67
   • Meditação dos Quatro Elementos — 69

PARTE DOIS — Amor Radical globalmente

11 Uma visão de mundo ecológica — 73
12 Uma economia do amor — 77
13 Localismo — 81
14 Cidades — 85

15 Um *continuum* urbano-rural — 89
16 Butão — 95
17 Civilização Ecológica — 101
18 Paz — 107
19 Protestar, proteger e construir — 111
20 Ação — 117

PARTE TRÊS – Amor Radical por Nós e pelos Outros

21 Uma Manifesto do Amor — 125
22 Quatro obstáculos para o Amor — 129
    • Mantra para os quatro obstáculos do Amor — 133
23 Caminhando — 135
24 Alimento e horta — 141
25 Simplicidade — 147
26 Razão e ciência — 151
27 Educação — 157
28 Generosidade — 163
29 Dez caminhos para o Amor — 169

Agradecimentos para a edição brasileira — 170

Agradecimentos — 171

Sobre o autor — 173

O amor como prática de transformação pessoal, econômica, social e ambiental

Afirmar que o amor é uma solução frente a desafios tão grandes que vivemos pode parecer ingenuidade. Nos questionamos: como optar pelo amor frente a problemas tão revoltantes, como a injustiça social, em um país tão desigual? Como sentir amor frente a perspectivas aterrorizantes, em que muitas vezes nos sentimos impotentes, como a mudança climática que agrava secas e enchentes de norte a sul do Brasil? Ou, ainda, como resgatar o amor em um país rachado pela polarização política que chegou a prevalecer até mesmo sobre a estrutura das famílias?

Se você teve essa reação frente ao convite desta obra, pedimos para você suspendê-la temporariamente e acompanhar Satish ao longo dessa caminhada em forma de livro. Seu convite é justamente para que mudemos essa forma com que temos visto o amor: de maneira condicional. Um amor que depende de circunstâncias perfeitamente adequadas aos nossos desejos e crenças para florescer, perde sua potência de transformar a realidade. O Amor Radical que Satish convoca faz uma inversão nessa ordem das coisas. O amor deixa de ser consequência das circunstâncias para se tornar raiz, a partir da qual, através dos ramos de nossas ações, podemos oferecer flores, frutos e sementes do mundo mais belo que esse amor nos faz desejar. O Amor Radical é ao mesmo tempo destino e caminho, objetivo e metodologia.

Ainda assim, você pode estar pensando que, por mais bonita que pareça essa abordagem, parece difícil ela ser efetiva na prática, em um mundo muitas vezes duro e implacável: pois é aí que entra a camada mais fundamental da mensagem deste livro. Por trás da aparente simplicidade das ideias que Satish articula, não está um idealismo, mas a reverberação de uma vida inteira de prática dessa forma de se relacionar com o mundo. Ao longo de seus atuais 87 anos de vida, ele manifestou esse Amor Radical em diversas iniciativas concretas, que transformaram as vidas de inúmeras pessoas ao redor do mundo. A cada novo desafio global que tocava seu coração, Satish simplesmente agiu. E em seu agir amoroso e generoso engajou pessoas de todos os tipos, credos e cores em seus movimentos por uma mudança radical.

Imaginem a radicalidade do amor que o levou a decidir peregrinar a pé e sem dinheiro da Índia à Washington, em manifesto pela paz, nos tempos das ameaças nucleares da guerra fria. Imaginem a força do amor com o qual conseguiu mobilizar a fundação da Schumacher College, uma escola-comunidade totalmente dedicada a reunir mãos, mentes e corações em busca de respostas à crise ecológica que se anunciava nos anos 1990. Satish não traz o Amor Radical até nós como uma ideia, mas como exemplo vivo, seja através dos frutos de sua história, seja em sua presença gentil, disponível e cheia de energia, como poucos mantém em sua idade.

E é nas bases desse amor que ele vem espalhando inspiração e transformação por onde quer que passe. Satish tocou a vida de milhares de pessoas que, de diferentes formas, passaram a levar adiante essa transformação que ele mostra tão claramente necessária. Também nós fomos tocados por ele em nossas experiências na Schumacher College, nos inspirando a começar, em 2014, a Escola Schumacher Brasil. A Escola tem sustentado o legado de Satish Kumar no Brasil desde então, seja através dos cursos e programas inspirados na educação Schumacher, seja organizando a publicação de seus livros e suas vindas ao Brasil. Portanto, é com muita alegria e gratidão que celebramos esses 10 anos de história lançando no Brasil seu mais recente livro, Amor Radical.

O livro traz a essência de todos seus aprendizados e experiências, adquiridos durante uma longa vida profundamente dedicada à espiritualidade, à ecologia e ao ativismo. Para a racionalidade ocidental pode parecer um pouco estranho pensar esses temas conjuntamente, mas esse é, e sempre foi, o propósito de Satish, do Schumacher College e daqueles que querem responder de forma integral à pergunta: como viver bem na Terra, trazendo felicidade e bem-estar para todos os seres?

Nesse sentido, falar do amor não é romantismo ou fuga frente aos desafios dos nossos tempos. É, talvez, a única coisa que podemos fazer para chegar a um contexto efetivamente melhor do que o que temos hoje. Como diz Satish, "a prática do amor entre amigos e familiares é boa, mas não é suficiente. O amor precisa se libertar do confinamento das casas, templos e monastérios. O amor precisa ser praticado nos corredores dos ambientes políticos e no mercado econômico também". Em sua proposta, o amor aparece como a força motriz capaz de nos trazer felicidade, união e abundância, mas não a partir de um desejo individual, e sim a partir de uma transformação coletiva e social.

Por isso é importante, também, ler sempre o título como um todo: Amor Radical. O "Radical" indica que não é suficiente o autocuidado ou as relações de afeto pessoais, se esse amor não transformar a realidade, provocar rachaduras e convocar a uma solidariedade mais ampla. Ao longo do livro, Satish escreve de forma a inspirar igualmente a reflexão e a ação. Passando por temas econômicos, políticos, sociais e ambientais, ele compartilha pílulas de sua experiência pessoal, como quando nos conta de suas caminhadas com sua esposa e compartilha conversas estratégicas com líderes mundiais. Fala de como precisamos transformar nossas ideias de educação e sobre como amar radicalmente nossos filhos e filhas. Mas também não se furta de discutir os preconceitos, as guerras e as injustiças sociais que marcam nossa sociedade.

– 11 –

Justamente por estarmos no Brasil, que vive tão dramaticamente muitos desses conflitos sociais e ambientais, quando recebemos o livro em inglês, uma apreensão passou pelos nossos corações: como abrir espaço para falar sobre amor em tempos de crises tão urgentes? Como esse livro poderia ser recebido pelo público crítico, consciente dos desafios que enfrentamos? Mas é justamente para esse público que Satish escreve, alertando que para que nosso agir seja duradouro e compartilhado, ele precisa ser enraizado no amor, fortalecendo nossa resiliência. Em um dos capítulos, escrevendo a um amigo ativista exausto e a beira de um burnout, Satish traz alento a todos nós:

> (...) precisamos agir e agir com amor, dedicação, comprometimento e paixão. Uma ação assim tão nobre tem seu valor intrínseco, independente do resultado. A ação é a única coisa sobre a qual temos controle. Não temos controle sobre os produtos ou resultados. O nível mais elevado de ação é aquele que acontece sem apego aos resultados. Fazemos algo porque vale a pena ser feito. Agimos sem desejo de colher os frutos de nossas ações.

E é nessa toada que Satish vai nos ajudando a cultivar o Amor Radical em nossos corações. Sem apelar a grandes teorias ou crenças, mas nos contagiando com a sinceridade de alguém cuja fala reflete cristalinamente a prática de uma vida inteira. A cada capítulo, sua mensagem vai infiltrando como a chuva no solo de nossa experiência de viver tempos tão desafiadores. Um chamado que parece ir dissolvendo os enrijecimentos da ansiedade e da sensação de impotência que muitas vezes nos imobiliza em nossas buscas. Uma convocação que reaviva a chama da esperança ativa e amorosa em nosso agir. Tal qual a força da erva que enraíza pacientemente nas rachaduras do concreto, abrindo passagem para a vida e que, sem alarde, na simplicidade de ser, vai se oferecendo ao mundo em flor. Satish traz esse aprendizado valiosíssimo para todos aqueles engajados na ação por um mundo melhor:

> [...] agir para restaurar o equilíbrio ambiental e encontrar uma harmonia entre a Natureza e a humanidade são uma e única coisa. Não existe uma utopia onde finalmente alcançamos a paz

perfeita, a tranquilidade total, um amor eterno, ou qualquer ideal que seja. Assim, a mudança que desejamos e nossa ação para que essa mudança aconteça são integrais uma a outra. Assim como nosso amor é incondicional e ilimitado, também nossas ações são incondicionais e sem fim. Qual é o fruto do nosso amor? Somente amor. Qual o fruto de nossas ações? Mais ação! Ação é o começo, ação é o meio, e ação é o fim. Viver é agir. Precisamos aproveitar nossa ação e encontrar realização nela. Sem decepção e sem burnout. O ativismo não é para mudar o mundo; o ativismo é a mudança no mundo.

Diante dessa perspectiva radical e atemporal, que chega até nós no momento em que refletimos sobre os 10 anos de ação da Escola Schumacher Brasil e olhamos para nosso futuro, nos fazemos uma pergunta que queremos compartilhar com vocês: o que acontece quando nos propomos a viver cada dia a partir do Amor Radical? Em meio a tantas incertezas que vivemos atualmente, não é possível prever onde esse compromisso nos levará, mas nos anima muito saber que, fazendo dela nosso caminhar, estaremos nos juntando e dando continuidade à caminhada de nosso querido Satish Kumar.

Esperamos que o livro chegue a você como chegou para nós: extremamente provocador, mobilizador, contundente e, ao mesmo tempo, capaz de reacender nossas mais profundas esperanças, desejos e atitudes por uma vida verdadeiramente rica, na plenitude do amor e da natureza que somos. Que ele seja catalisador de conversas importantes, de encontros significativos e de mudanças amorosas e radicais.

Um grande abraço,

Equipe Escola Schumacher Brasil

www.escolaschumacherbrasil.com.br
contato@escolaschumacherbrasil.com.br

Introdução

Amor Radical em tempos de crises

A cada crise, siga o caminho mais elevado,
o caminho da compaixão, coragem e amor.

– AMIT RAY

A força da gravidade e o amor são dois aspectos distintos de uma mesma realidade. São os princípios organizadores de nosso precioso planeta e de nosso universo maravilhoso. A gravidade exerce domínio sobre o mundo físico e externo. O amor exerce domínio sobre nosso mundo metafísico e interno. A gravidade sustenta nossa existência material, enquanto o amor nutre nossa existência espiritual. A gravidade é para o corpo o que o amor é para o coração, a alma e a consciência. A gravidade está relacionada ao que podemos medir, e o amor àquilo que podemos imaginar. A gravidade sustenta a matéria; o amor confere significado. No fim das contas, tudo se mantém unido pelo amor.

É difícil definir o amor, mas cada um de nós tem um senso, no fundo de nossos corações, do que ele significa. Para mim, o amor é a fonte de todos os relacionamentos positivos e criativos. O amor fornece uma base sólida para a família, para as amizades, companheirismo, comunidade e camaradagem. Do amor nascem a compaixão, a gentileza, o cuidado, a cortesia e a cooperação. A partir do amor crescem a humanidade, a humildade, a hospitalidade e a harmonia.

A falta do amor leva à guerra, conflito, competição, exploração, dominação, e subjugação de povos e da Natureza. O militarismo, a corrida armamentista, a insegurança, e a rivalidade em todos os sentidos nasce de onde não existe amor. Quando falta amor, então temos pobreza, desigualdade, injustiça, a segregação racial, e a discriminação por castas ou classes. As escuras nuvens do nacionalismo limitado, do racismo hediondo, e do sexismo fragilizador são dissipadas pela luz do amor. No amor encontramos o fim da separação e do isolamento. No amor está o começo da conexão e da comunicação. O amor cria união e comunhão.

Eu descobri que, qualquer que seja o problema, a única solução possível é o amor. Qualquer que seja a dúvida, o amor é a resposta perfeita. As patologias do orgulho, ganância, raiva e medo podem ser tratadas com o poder curativo do amor. O amor é o remédio para um excesso de ego e ansiedade, para a doença da depressão e do desespero. A vida sem o amor é como um poço seco, como um corpo sem alma, ou palavras sem significado. O verdadeiro propósito da vida é amar. Quando existo no amor, eu passo da ganância à gratidão, da propriedade ao relacionamento, do glamour para a elegância, e do apego ao engajamento.

Pessoalmente, fui abençoado e agraciado com amor incondicional, ilimitado, vindo de várias pessoas ao longo da minha vida. Todas as partes do meu corpo, mente e espírito foram nutridas por essa abundância de amor. Minha amada companheira de vida, June, tem sido uma fonte de amor nos últimos cinquenta anos. Nos conhecemos na cripta de St. Martin-in-the-Fields, em Trafalgar Square, em Londres, em 1971. Eu me apaixonei à primeira vista. Estava em uma rápida visita à Europa com minha passagem de volta já na bolsa. Depois de conhecê-la, cancelei minha passagem, desisti de minha vida na Índia, e me estabeleci em Londres, com a June. Nós lemos poesias juntos, publicamos juntos, fazemos jardinagem juntos, cozinhamos juntos e caminhamos juntos. Junto à ela, o amor se tornou uma realidade viva em minha vida.

Todos os grandes professores e transformadores sociais, dos tempos antigos aos atuais tem um tema em comum, o tema do amor. De Buda à Jesus Cristo, de Mahavira à Mohammed, de Lao Tzu ao Dalai Lama, da Madre Teresa à Martin Luther King, de Mahatma Gandhi a Nelson Mandela, de Joan Baez a John Lennon, todos condensaram seus ensinamentos em uma só palavra: Amor.

O amor é mais do que um ideal religioso ou espiritual. O amor é a fonte de nutrição para a imaginação humana. Os grandes poetas e pintores sempre se inspiraram na narrativa comum que é o amor. Shakespeare explorou sua paixão em 154 sonetos, sem contar as inúmeras formas nas quais ele demonstrou o poder duradouro do amor em suas peças. De Tolstói a Tagore, de Goethe a Goya, de Pushkin a Picasso, Blake a Botticelli, Rumi a Ruskin, a lista de autores, poetas e artistas que foram inspirados e movidos pelo amor é infinita. Seja o amor à natureza, amor à humanidade, ou amor à Deus, o amor em si é a semente da qual brotaram as árvores da literatura e da arte. É o amor que nos alimenta nos melhores momentos e também nos piores. E a humanidade está enfrentando um período no qual nossa própria existência está ameaçada, um momento no qual o amor pode fazer toda a diferença.

O ano de 2020 será sempre lembrado como o ano do COVID-19 – o ano do isolamento social, lockdowns, e de ficar dentro de casa, mesmo quando o sol estava brilhando, as flores desabrochando e os pássaros cantando suas doces canções. Eu encarei esse período de quarentena, de auto-isolamento, como uma benção: um período para um retiro espiritual e reflexão. Li Rumi e Hafiz. Li os sonetos de Shakespeare. Li Rabindranath Tagore. Eu meditei sobre a palavra quarentena e sua associação com a Quaresma. Aprendi que, originalmente, quarentena dizia respeito ao período de 40 dias que Jesus passou jejuando no deserto.

Apesar da oportunidade para uma reflexão silenciosa, eu estava sobrecarregado ao ver tanto sofrimento no mundo, tão imerso em uma crise sem precedentes. Em 2020, eu tinha oitenta e três anos e nunca tinha experienciado uma situação tão drástica e ameaçadora em toda minha vida. Viver durante essa crise foi pior do que viver em um estado de guerra, o que eu já tinha vivenciado. Guerras são iniciadas por seres humanos e podem ser controladas ou encerradas por seres humanos. Mas o COVID-19 foi uma demonstração do poder da Natureza muito além do controle humano. Muitos acreditam que por meio da ciência e da tecnologia podem dominar a Natureza. Mas, por meio de um vírus novo, a Natureza deixou claro que qualquer conversa sobre essa dominação é pura arrogância humana. O COVID-19 nos lembrou, sem sombra de dúvidas, sobre a realidade da vulnerabilidade humana.

O desejo humano de dominar a Natureza vem da crença de que somos separados da natureza e que, de fato, temos um poder superior. Esse pensamento está no cerne de nossa inabilidade de lidar com muitos dos desafios naturais que vemos agora, como os incêndios florestais, inundações, o aquecimento global e as pandemias. Parecemos acreditar que, de uma forma ou de outra, iremos encontrar soluções tecnológicas para subjugar a natureza e a tornar subserviente. Ao invés de olhar para as causas raíz do COVID-19, os governos, os industrialistas e os cientistas se refugiam na busca pela vacina para evitar a doença. Apesar de, talvez, a vacina ser uma solução temporária, precisamos pensar e agir de forma inteligente e com maior sabedoria. Ao invés de simplesmente vacinar para diminuir os sintomas, temos que lidar com as causas da doença.

Ao procurar responder o motivo pelo qual as infecções humanas de origem animal cresceram tanto nas últimas décadas, Laura Spinney, uma jornalista científica e autora do livro *Pale Rider: a gripe espanhola de 1918 e como ela mudou o mundo*, afirma que "as forças que colocaram esse vírus em nosso caminho são políticas e econômicas. Elas têm relação com o surgimento da agricultura de escala industrial e da crescente marginalização de milhões de pequenos agricultores familiares. Eles foram expulsos para regiões com menos cultivo de florestas, onde os morcegos – reservatórios do coronavírus – vivem".

Se fôssemos tratar das causas do COVID-19 em vez de olhar simplesmente para os sintomas, precisaríamos retornar à agricultura ecologicamente regenerativa: para métodos de agricultura de escala humana, local, de baixo carbono e orgânica. O alimento não é uma *commodity*. A agricultura não deveria ser motivada pelo lucro financeiro. O objetivo da agricultura é alimentar as pessoas com alimentos saudáveis. O objetivo final da agricultura é produzir alimentos nutritivos sem diminuir a qualidade do solo. Fazer agricultura visando o lucro causa, direta ou indiretamente, o coronavírus!

Para lidar com as causas do coronavírus, precisamos aprender a viver em harmonia com a Natureza e dentro de suas leis. Os seres humanos são parte da natureza tanto quanto qualquer outra forma de vida. Assim, viver em harmonia com a Natureza é um imperativo urgente de nosso tempo e a primeira lição que os seres humanos, coletivamente, precisam aprender a partir da crise do COVID-19. A segunda lição é que as ações humanas têm consequência. Nas últimas centenas de anos, as atividades humanas têm diminuído a biodiversidade e aumentado as emissões de gases de efeito estufa, levando às mudanças climáticas. Por causa da ação humana, os oceanos estão poluídos por plásticos, o solo está envenenado com químicos artificiais e as florestas tropicais estão desaparecendo em uma velocidade sem precedentes. Todas essas atividades negativas humanas estão fadadas a resultar em consequências desastrosas, como enchentes, incêndios florestais e pandemias.

A civilização moderna infringiu sofrimentos e danos inenarráveis à Natureza. E agora estamos colhendo as consequências. Precisamos mudar. Temos que nos mover para construir um novo paradigma. Para restaurar a saúde das pessoas, devemos restaurar a saúde do nosso precioso planeta Terra. Curar as pessoas e curar a Natureza são uma única coisa. Com o COVID-19, a Natureza nos mandou uma forte mensagem. Temos que fazer o máximo possível para curar a Terra. Só ações positivas trarão resultados positivos; essa é a lei do carma.

A trindade do Mercado, Moeda e Materialismo dominou a mentalidade moderna por tempo demais. Agora é hora de desacelerar e, com humildade, ouvir a voz da Natureza, a voz da Terra. Precisamos substituir essa trindade obsoleta por uma nova: a trindade do Solo, Alma e Sociedade. Precisamos começar a Era da Ecologia, uma ecologia do amor.

A Humanidade precisa responder a essa crise positivamente e usá-la como uma oportunidade para redesenhar nossos sistemas agrícolas, econômico e político, e também nossa forma de vida. Precisamos aprender a respeitar o lugar do mundo natural. Precisamos aprender a celebrar a abundante beleza e diversidade da vida. Precisamos perceber que os seres humanos são parte integral da Natureza. Perceber que o que fazemos à Natureza, fazemos a nós mesmos. Somos todos interconectados e relacionados. Dependemos uns dos outros. Somos membros de uma única comunidade e família terrestre.

Se essa visão de mundo vira parte integral de nossa consciência coletiva, e nosso amor pela Terra se torna um princípio organizador da sociedade como um todo, então teremos prioridades e valores diferentes. Ao invés do crescimento econômico a todo custo, vamos focar o crescimento do bem-estar de todas as pessoas e da saúde do planeta. O poeta e escritor Ben Okri escreveu que "a tragédia real seria passar pela pandemia sem mudar para melhor. Seria como se todas as mortes, todo aquele sofrimento, tivessem sido em vão".

Voltar ao *business as usual*[1] depois dessa pandemia não pode ser uma opção. Antes do COVID-19, nossa sociedade já estava sob as garras da

---

1 Expressão comumente utilizada sem tradução, significando algo como "os negócios continuam como sempre". Ao exprimir a lógica da velha economia, centrada na repetição infinita e linear que extrai, produz, consome e descarta, preocupada apenas com o lucro, torna-se incompatível com a regeneração planetária. (NE)

pandemia do vírus da ganância. E, devido a esse vírus, florestas morreram, lagos e rios morreram, espécies morreram, crianças morreram, os pobres morreram, as vítimas das guerras morreram, os refugiados morreram. A morte e a destruição em larga escala foram as consequências desse vírus da ganância.

Uma crise também é uma oportunidade. No processo evolucionário da Natureza, existiram várias crises. A vida evoluiu por meio de longos períodos geológicos. Talvez essa dolorosa pandemia tenha vindo dar luz a uma nova consciência, uma consciência da unidade da vida, uma consciência do cuidar e compartilhar, uma consciência do amor.

Já vimos alguns sinais maravilhosos dessa nova consciência. Médicos e enfermeiros ao redor do mundo se expuseram ao perigo, dando suas vidas para servir as vítimas do novo coronavírus. Foram exemplos brilhantes de serviço abnegado. Onde eu vivo, no Reino Unido, centenas de milhares de pessoas comuns se voluntariaram para ajudar ao Sistema de Saúde Pública (NHS, em inglês). E inúmeras voluntariaram em comunidades locais para cuidar dos idosos e dos doentes. Ao redor do mundo, governos suspenderam regras fiscais para ajudar os indivíduos, as comunidades, as organizações de caridade e os negócios. Vimos uma onda de solidariedade, generosidade, mutualismo e reciprocidade. As pessoas vivenciaram um sentido profundo de pertencimento, de gratidão e de amor incondicional vindo de várias direções.

Muitas animosidades foram esquecidas. As nações cooperaram, auxiliando e apoiando umas às outras no espírito do auxílio mútuo, invés de competição e guerra. A Rússia enviou cargas de equipamentos médicos à Itália. A China fez o mesmo para a Sérvia. Se essas qualidades espirituais podem ser praticadas em tempos de crise, porque não em tempos comuns? Se pudermos cooperar e colaborar, amar e respeitar uns aos outros, em tempos comuns, então essas situações de crise, causadas pelas ações humanas, serão menos prováveis.

Além dessa manifestação do espírito humano, vimos também a redução da poluição e a recuperação parcial dos ambientes naturais. Vimos golfinhos nos canais de Veneza e um céu claro e azul foi visto nas cidades de Bombaim e Pequim. As emissões de carbono foram reduzidas e as pessoas e os animais puderam respirar ar puro novamente. Se podemos ter um ambiente limpo em tempos extraordinários, então por que não em tempos comuns?

Podemos nos atrever a sonhar que indivíduos, comunidades e países possam aprender a amar uns aos outros, cuidar do meio ambiente e criar uma nova ordem mundial depois dessa horrível crise do COVID-19? Como escreveu o autor indiano Arundhati Roy: "Historicamente, as pandemias forçaram os seres humanos a romper com o passado e imaginar seus mundos de outra forma. O COVID-19 não será diferente. É um portal, uma passagem entre um mundo e o próximo".

Essa experiência deveria nos dar a confiança e a coragem para empreender ações ousadas para garantir a integridade da Natureza e da biosfera. Devemos nos lembrar que estamos sentados em um galho de uma árvore que representa a Natureza. Se cortarmos esse galho, no qual estamos sentados, com certeza iremos cair junto com ele. Ao superar o COVID-19, vamos agir juntos para cuidar do planeta e seus povos.

Tenho consciência dos obstáculos. Existem corporações e empresas, governos e negócios que têm interesses velados na manutenção do *status quo*. Os ativistas sociais e ambientais têm trabalhado por muitos anos, avisando sobre essa crise vindoura, mas muitas vezes parece que ninguém está ouvindo. Por mais de quarenta anos fui editor da revista *Ressurgence & Ecologist*, um periódico bimestral sobre assuntos ambientais, ativismo engajado, filosofia, artes e uma vida ética. A mensagem da revista é sobre o amor: amor próprio, amor aos outros, amor pelo planeta e amor pela natureza. Seus artigos são fundados no espírito do amor, incitando os ativistas sociais e ambientais a abandonar seus medos, ao contrário, agir a partir do amor. Agir para garantir a beleza e a integridade. O ativismo é uma caminhada, não uma destinação.

O amor é uma expressão de nossa espiritualidade, nossa imaginação e nossa forma de vida. Mas o amor também é um imperativo prático e ecológico. Meu amigo Deepak Chopra uma vez me disse que o meio ambiente e a natureza são nosso corpo ampliado. O ar é nosso fôlego, os rios e as águas são nosso sistema circulatório; se não cuidarmos do nosso eu ecológico, arriscamos a nossa extinção. Então é por isso, não por nenhum outro motivo, que o nosso amor pelo ambiente natural é um imperativo de sobrevivência.

Da minha mãe, Anchi, até a minha amada esposa, June, de Gandhi até o meu mentor Vinoba Bhave, e de todos os meus colegas ativistas ambientais até os que escreveram para a *Resurgence*, eu aprendi e recebi uma abundância de amor. Minha alma foi encharcada por uma chuva fresca de amor. O que vem a seguir nesse livro é a essência desses aprendizados e experiências, da forma como eu os entendi. Os ofereço humildemente nesse livro a vocês, meus leitores, com todo meu amor.

– SATISH KUMAR

PARTE UM
O Amor é tudo

O amor não domina; ele cultiva.

– GOETHE

1

Uma chuva de amor

*Ainda que eu tenha o dom de profecia, saiba todos os mistérios e
todo o conhecimento e tenha uma fé capaz de mover montanhas, se
não tiver amor, nada serei.*

– 1 CORÍNTIOS 13:2

A vida é um terreno de amor e o amor é a celebração da vida. O
amor é o fim e também os meios. O amor é nosso caminho e também
nosso destino. O amor é o objetivo final. O amor é uma forma de ser.
O amor é uma forma de vida. Não existe caminho para o amor: o amor
é o caminho.

Se apaixonar não é um evento único; é um evento do cotidiano diário. Quando estamos apaixonados, vivemos apaixonados o tempo todo.
Estamos apaixonados a cada momento. Assim que abrimos os olhos de
manhã, nos apaixonamos uns com os outros e com a vida em si mesma.
O amor nunca acaba. Ele perdura. Estamos, para sempre, enfeitiçados
pelo mistério do amor. É o amor simplesmente para ele mesmo. Não

existe outra motivação. O amor não é uma lógica, é pura magia. O amor é pura poesia, e puro prazer.

O amor é sagrado. Ele é ilimitado e incondicional. Se permita ser arrebatado pela força do amor. Amar verdadeiramente é amar quando seu amado é imperfeito. É fácil amar quem é bom e quem achamos perfeito. Mas o amor verdadeiro é amar mesmo aqueles que talvez não sejam tão bons. Amar é estar livre de criticismo, reclamações e comparações. Praticar o amor universal é reconhecer que aqueles que se comportam de maneira má o fazem porque não foram amados. O poeta americano W. H. Auden vai mais longe e afirma que "aqueles aos quais o mau é feito, retornam com más ações". Aqueles que são amados, amam de volta. Vamos criar uma onda de amor e nutrir todos os seres vivos. Apenas por meio de atos de amor poderemos ensinar outros como amar.

Quando Cristo disse, "Ame seu inimigo", ele não disse isso levianamente. Ele acreditava que *amor vincit omnia*: o amor tudo vence, tudo conquista. Por meio do amor, os inimigos se convertem em amigos. O amor não guarda memória das más ações. O amor não é um caminho para os fracos de coração. O amor requer coragem, a coragem de oferecer a outra face. Amar é ser corajoso. Cante a canção do amor e todas suas preocupações e misérias irão evaporar! Viva no êxtase do amor. Seja sustentado pelo amor.

O amor é a aceitação de si mesmo como se é e a aceitação dos outros como são. A aceitação sem expectativas, sem julgamentos e sem adjetivos é amor. Liberto das expectativas, o amor não encontra decepções. O amor é aceitar o amargo com o doce, o escuro e a luz, a dor e o prazer – tudo com equanimidade. No momento em que deixamos o amor entrar em nossos corações, transformamos ilusão em imaginação e dualidade em unidade. Transcendemos preferências e simpatias e entramos na celebração da vida como ela é. Quando bebemos o doce néctar do amor, ocorre uma transformação, como expresso pelo poeta Sufi Jalal ud-Din Rumi:

Por meio do Amor, o que é amargo parece doce,
Por meio do Amor, pedaços de cobre transformam-se em ouro.
Por meio do Amor, a borra vira puro vinho,
Por meio do Amor, as dores são como bálsamo.

Esse é o poder transformador do amor. Amar é ver Deus, porque Deus é amor e o amor é Deus. O amor é a maior religião na Terra. O amor é majestoso e magnífico. Onde existe amor, existe esperança. Então, ame e regozije-se.

E onde começamos nossa jornada de amor? Com nós mesmos. O Cristo disse: "ame seu vizinho como a si mesmo". A expressão "si mesmo" é a chave. Da mesma maneira que você ama a si mesmo, ame os outros. Os "outros" são somente uma extensão do eu. Amar a si "mesmo" não é egoísta! Se você não consegue amar a si mesmo, como irá amar uma outra pessoa, e como você espera que alguém ame você?

Aceitar a si mesmo como se é e amar a si mesmo, justamente por ser quem se é, é um pré-requisito para amar os outros como eles são e quem eles são. Somos feitos uns dos outros.

O amor não leva nenhuma ofensa e também não ofende. Os que amam não tem inimigos. A animosidade é uma consequência do ódio, enquanto a amizade é uma consequência do amor. Assim como as abelhas amam as flores e produzem mel, os amantes se amam e produzem felicidade. O amor é o propósito da vida e por meio do amor que encontramos seu significado.

Rumi também disse: "sua tarefa não é buscar o amor, mas apenas procurar e desfazer dentro de si mesmo todas as barreiras que você construiu contra ele". Viver é amar e amar é se arriscar. Arriscar se machucar, arriscar a possibilidade de não ser amado de volta. Não deseje ter um amante; simplesmente seja um amante. Ter um amante é o resultado inevitável de ser um amante.

O amor acorda a alma, nutre o coração, traz alegria para nossas vidas. O amor é o mantra mais belo para a mente. O bálsamo do amor cura todas as feridas, aquelas da raiva e da ansiedade, do medo e do ressentimento.

O amor a si mesmo – amor aos outros – amor à Natureza – é um contínuo. O amor é tão natural para nós como o ato de respirar.

O amor que abraça tudo se manifesta de muitas maneiras: como filologia – amor às palavras; filosofia – amor à sabedoria; e filantropia – amor às pessoas.

De forma mais íntima, experienciamos o amor erótico. Quão belo é se apaixonar e estar nos braços da pessoa amada! "Eu te amo" pode ser a frase mais poderosa e bela da linguagem humana. Nós podemos e deveríamos nos apaixonar todos os dias, ainda que pela mesma pessoa. Ao amar um, amamos todos. Se apaixonar é um milagre. Nascemos graças ao ato de fazer amor. Não existe pecado original; somente amor original.

O amor nos leva para além da racionalidade, para além do intelecto e para além das descrições. Poetas, artistas e místicos experimentam o êxtase do amor romântico fisicamente, emocionalmente, imaginativamente e espiritualmente. A poesia e arte românticas celebram as conexões de nossos corações com os outros, com a natureza e com os humanos. O amor nos leva a um lugar além do certo e errado, um lugar de magnanimidade e generosidade. Esse é o amor profundo à vida. Tudo o que precisamos é do amor, porque o amor é tudo e todas as coisas. O amor é a resposta. Qual é a sua pergunta?

2

Amor por todos

Em qualquer ocasião em que tenha a verdade, ela deve ser oferecida com amor, ou a mensagem e o mensageiro serão rejeitados.

– MAHATMA GANDHI

Uma vez que abrimos as portas de nossos corações, podemos deixar nosso amor fluir em níveis sociais, políticos e ecológicos. Durante minha vida, Mahatma Gandhi foi a mais profunda influência ao demonstrar a conexão entre o amor íntimo e o amor derradeiro, o amor pessoal e o amor político. De maneira simples, ele indica o que todos devemos fazer quando diz "Te ofereço amor".

Mahatma Gandhi era um embaixador do Amor Radical. Para ele, o amor deve permear todos os aspectos das nossas vidas. Todas as atividades humanas devem ser motivadas pelo amor. O amor deve ser o princípio organizador de nossas vidas individuais e também de toda nossa sociedade. Para Gandhi, o amor não tem fronteiras ou limites, é incondicional. Ele disse: "onde existe amor, existe vida, e onde existe amor existe luz".

O amor já foi aceito e defendido como uma base para os relacionamentos pessoais por muitas pessoas. Todas as religiões e a maioria das tradições filosóficas pregam e promovem o amor como um fundamento do comportamento pessoal. Mas para Mahatma Gandhi, o amor também deveria ser a força motriz por trás das políticas públicas, das decisões econômicas e dos comportamentos nos negócios.

A prática do amor entre amigos e familiares é boa, mas não é suficiente. O amor precisa se libertar do confinamento das casas, templos e monastérios. O amor precisa ser praticado nos corredores dos ambientes políticos e no mercado econômico também.

Todas as nossas atividades de agricultura, educação, medicina, artes e produção deveriam surgir a partir das bases do amor. Qualquer trabalho deveria ser "o amor tangibilizado". Os professores não deveriam ensinar só para ganhar dinheiro, mas porque amam as crianças e amam ensinar. Ganhar dinheiro é um meio para um fim. O propósito verdadeiro é servir às crianças. De maneira similar, os médicos devem praticar a medicina porque amam curar os enfermos, os políticos deveriam ser motivados pelo amor a servir as pessoas, e os empreendedores deveriam fazer negócios porque amam atender às necessidades de suas comunidades. Cada profissão precisa de um propósito.

Para levar o amor para cada esfera da sociedade, Mahatma Gandhi criou o conceito de Sarvodaya. Essa palavra tem muitos significados, incluindo o bem-estar para todos, amor para todos e a felicidade para todos. Aqui, "todos" se refere a todos os seres sencientes, harmonia em todos os níveis.

Filosofias políticas como o utilitarismo, socialismo e capitalismo percebem a vida humana acima das outras formas de vida. E, assim, de acordo com essas visões, a vida humana é superior a vida das plantas, dos animais, dos oceanos, e então os seres humanos se permitem o direito de os controlar, explorar e usar como queiram. Esse antropocentrismo é contrário à filosofia Gandhiana de não-violência e amor, que é a base para Sarvodaya. Gandhi acreditava que o valor das vidas não-

-humanas não poderia ser medido por sua utilidade aos seres humanos, porque todas as vidas têm valor intrínseco. Assim, a reverência por toda a vida é um princípio fundamental para Sardovaya.

Mahatma Gandhi rejeitava a ideia utilitarista de o máximo de bens para o máximo de pessoas. As políticas públicas e econômicas deveriam ser desenhadas para o bem de todos, sem nenhuma exceção. A filosofia política e social deve respeitar a dignidade de toda a vida e não alocar um *status* maior para·alguma forma de vida específica. Isso diz respeito às vidas humanas e às vidas mais-que-humanas. Devemos amar a vida animal, vegetal e todas as outras formas de vida. A poluição de oceanos e rios com agroquímicos e plástico é uma forma de violência com as águas. A contaminação do ar com excesso de emissões de carbono e gases de efeito estufa demonstram uma falta de amor pelo planeta. A destruição de florestas, a crueldade com os animais na indústria alimentícia, o envenenamento do solo com herbicidas e pesticidas são uma consequência da ausência do amor. A redução da biodiversidade é um resultado da redução da gentileza e compaixão.

A filosofia holística de Sarvodaya insiste na mudança das atitudes humanas, dos corações humanos e dos relacionamentos humanos com a Natureza como nosso guia. Nossa perspectiva precisa ser baseada na unidade da vida em vez da separação e dualismo entre a vida humana e não-humana. Uma transformação interna é um pré-requisito para a mudança no comportamento humano.

De acordo com a ciência sobre a evolução, toda vida evoluiu da mesma fonte, de uma mesma origem comum. Os oceanos, florestas e animais são os ancestrais da humanidade. Todos os seres vivos são compostos dos mesmos cinco elementos básicos: terra, ar, fogo, água e espaço (vazio).

Sardovaya se distancia da narrativa de separação e abraça uma narrativa de relacionamento, reconhecendo que estamos todos conectados. Unidade e diversidade são complementares. A evolução é uma jornada da unidade para a diversidade, e não uma descida da unidade para separação e dualismo. A diversidade não é divisão. A diversidade é a celebração da unidade. Todas as formas de diversidade são interconectadas através da intrincada rede da vida. Por meio do amor à vida, à Terra, à Natureza, cuidamos de toda a vida no planeta, sem discriminação, sem julgamento e sem exceções.

A mentalidade que separa os seres humanos da Natureza é a mesma que separa um grupo de humanos de outro. Dividimos as pessoas por meio de castas, classes, nacionalidade, posicionamentos políticos, gênero, raça, religião e estilos de vida. Começamos a colocar um grupo acima do outro. Transformamos a diversidade humana em divisão. E essa divisão leva a competição, conflito e guerra. Desenhamos nossa política a partir do interesse de um grupo e não de outro. O interesse nacional de um país é percebido como conflitante com o de outro país. O conflito de classes leva à guerra entre classes. O bem-estar da classe trabalhadora é percebido como contrário ao bem-estar dos patrões. Tudo isso é consequência das filosofias políticas separatistas e dualistas.

Sardovaya percebe o conflito de interesses entre os humanos como o resultado do condicionamento de nossas mentes. No grande esquema das coisas, todos os seres humanos têm um interesse comum. Esse solo comum pode ser encontrado no amor. Todas as pessoas querem ser felizes, saudáveis, em harmonia com as outras e com o planeta. Assim, com uma consciência fundamentada no amor, compartilhamos nossa felicidade e bem-estar com os outros. Cuidamos uns dos outros e da Terra. Criamos políticas que servem ao interesse de todos, sem exceção. Os princípios de Sardovaya sugerem que devemos amar mesmo aqueles dos quais discordamos. Amor sem fronteiras e amor sem limites! O amor tem mais poder de conquistar corações e mentes do que qualquer quantidade de bombas e armas. Como Gandhi ensinou, nós "conquistamos pelo amor".

Como podemos falar de "todos" sem que soe muito amplo e vago? Por onde começamos nos processos políticos de tomada de decisão? Mahatma Gandhi também respondeu a essas questões. Ele disse que, ao tomar decisões políticas e alocar o orçamento do governo, devemos nos perguntar quem irá se beneficiar das decisões tomadas. Se uma decisão vai beneficiar o mais pobre dos pobres, o mais fraco dos fracos, e os membros mais vulneráveis de nossas sociedades primeiro, então essa decisão reflete um amor por todos. Gandhi rejeitava a teoria econômica do gotejamento[2] para a tomada de decisão. As economias e políticas do amor precisam estar refletidas em ações urgentes e imediatas para acabar com a injustiça social e a exploração dos mais vulneráveis.

No que diz respeito ao amor pelo planeta, Mahatma Gandhi também tinha uma fórmula simples. Se as atividades humanas produzem resíduos e poluem o ar, a água e o solo, ou causam dor e sofrimento aos animais, então essas atividades são contrárias ao nosso amor pela Terra. Acima de tudo, os seres humanos precisam praticar a humildade. Em vez de explorar os recursos naturais para satisfazer nossos desejos, ganância, extravagância e consumismo, precisamos extrair da Natureza somente o suficiente para nossas necessidades genuínas, e fazer isso com gratidão. Gandhi disse: "A Terra oferece o suficiente para as necessidades de todos, mas não para a ganância de todos". A Natureza não é mero recurso para a economia; a Natureza é a fonte da vida. o Amor pela Terra, em termos práticos, significa o cuidado pelo nosso planeta.

Não se trata de um ideal pomposo. É uma questão pragmática e de políticas práticas. Já está mais do que provado que as políticas de separação, divisão, conflito e competição são estressantes, geram desperdícios e são contraprodutivas. Políticas que servem ao interesse de um grupo contra outro, ou dos seres humanos contra a Natureza, já foram testadas e falharam repetidamente. Mahatma Gandhi acreditava que o "poder fundamentado no amor é mil vezes mais efetivo e permanente do que

---

2 Teoria econômica do gotejamento: em inglês "trickle-down economics" é uma teoria econômica que diz que o aumento de lucros, capital e benefícios para empresas privadas e empresários se traduziria, necessariamente, em benefícios para todas as camadas da população, à medida que investimentos e contratações fossem realizados.

um fundamentado no medo de punição". Ele nos chama a darmos uma chance à política do amor.

O ideal do amor é frequentemente considerado um ideal espiritual, mas para Gandhi não existia separação entre o âmbito prático e o espiritual. As soluções para nossos problemas ambientais, para a infelicidade pessoal, para as divisões sociais, para a desigualdade econômica, para os conflitos internacionais, para a discriminação racial e para todos os outros assuntos urgentes se fundamentam em uma única grande ideia – Sardovaya: Amor por todos.

3

Unidade

*Aqueles que vivenciam a unidade da vida se enxergam em
todos os seres e enxergam todos os seres em si mesmos.*

– BUDA

A narrativa dominante dos nossos tempos é a da separação. Primeiro e mais importante, está a separação dos humanos da Natureza. Construímos um pensamento de que a Natureza está "lá fora". As montanhas, rios, oceanos, florestas, animais e pássaros são Natureza. E todas essas partes da Natureza existem para atender as necessidades humanas. O objetivo da ciência, da tecnologia, da indústria e da economia tem sido de dominar a Natureza e a transformar em algo útil. Ela está sujeita à necessidade humana e também à nossa ganância. Podemos fazer à Natureza o que quisermos; podemos derrubar as florestas tropicais, pescar em excesso, abater animais em abatedouros, envenenar o solo com químicos e matar as criaturas selvagens em busca de prazer, poder e entretenimento. De acordo com essa narrativa, a Natureza não

– 37 –

tem alma; ela não tem espírito, nenhuma inteligência, nenhuma memória. A Natureza é inanimada. A Natureza é uma máquina.

A palavra Natureza significa, simplesmente, nascimento. Tudo que nasce tem origem na Natureza. Quando uma mãe está grávida, ela vai a exames pré-natais. Natal, natureza, nativo – todas essas palavras têm origem em uma raiz comum. Os seres humanos nascem de uma semente. Assim, somos parte da Natureza tanto quanto as árvores, os tigres e as tartarugas. A Natureza não nos pertence; nós pertencemos a ela.

Uma nova narrativa está emergindo. É a narrativa da Unidade. Nessa história, somos todos membros de uma única comunidade terrestre. Aldo Leopold a chama de "comunidade biótica". Todas as espécies, humanas e mais-que-humanas são nutridas pelos mesmos elementos básicos da existência. Todos respiramos o mesmo ar, bebemos a mesma água, nos esquentamos com o mesmo sol, nos alimentamos a partir do mesmo solo. Como podemos achar que somos separados da Natureza? Como podemos nos considerar senhores da Natureza?

As culturas originárias falavam da Mãe Terra e Pai Céu. Elas consideravam as criaturas de quatro patas e duas asas como suas irmãs e irmãos, membros de uma só família terrestre. Alguns de nós vivem sobre o solo, outros voam pelo céu, e ainda existem outros que nadam na água, mas, em última instância, o todo da vida é um só, se manifestando em milhões de formas e funções. A diversidade é a dança de uma única força vital. A Unidade celebra a si mesma na diversidade da vida. Estamos todos conectados, todos relacionados. Somos uma parte integral da Natureza. A Terra é nossa casa comum.

A narrativa antiga da separação infectou todos os relacionamentos humanos. Em nome de uma nacionalidade ou religião, sob a justificativa de cor ou raça, construímos grandes muros de um auto-interesse limitado que separa uma nação da outra, uma religião da outra. O interesse nacional norte-americano entra em conflito com o da Rússia. Índia e Paquistão, China e Japão, e tantas outras nações belicosas percebem seus interesses nacionais em conflito com as outras. Esquecemos a verdade fundamental de que antes de sermos norte-americanos ou russos, israelenses ou palestinos, hindus ou muçulmanos, xiitas ou sunitas, católicos ou protestantes, pretos ou brancos, somos todos membros de uma única tribo humana. Qualquer que seja nossa nacionalidade ou religião, somos todos humanos. Sob a nossa pele, o mesmo sangue flui. Em nível quântico, somos todos prótons e fótons.

A nova narrativa é uma de pluralismo radical. É maravilhoso ter toda a diversidade de culturas e cores, nacionalidades e religiões, crenças e filosofias. Seria extremamente entediante se os sete bilhões de humanos na Terra tivessem só uma língua ou uma religião ou um único sistema político. A evolução favorece a diversidade – biodiversidade, diversidade religiosa e cultural, diversidade política e econômica, diversidade de verdades e línguas. Permitam que milhares de flores desabrochem e que milhões de mentes se libertem. A Terra é abundante. Existe o suficiente para todos compartilharem e celebrarem. Não existe nenhuma necessidade de temer e guerrear. Vamos substituir a narrativa antiga de interesses nacionais limitados com a nova narrativa de um interesse humano comum. Vamos substituir a narrativa antiga de separação com a nova narrativa de unidade, de re-união. Vamos transformar nossas divisões em diversidades e vamos nos engajar em diálogo sobre as nossas diferenças. Em última instância, existe somente uma Terra, uma humanidade, e somente um futuro. Como disse E. M. Forster: "Simplesmente se conecte... e o amor humano será visto em sua glória. Não viva mais em fragmentos".

Podemos escolher perceber a diversidade como divisão ou como uma celebração da unidade. Podemos olhar para o mundo e ver sua inteireza e percebê-lo como uma rede de relacionamentos, ou podemos perceber o mundo como uma coleção de entidades fragmentadas e desconectadas lutando umas contra as outras. Na visão de Thomas Berry, eco-teólogo norte-americano, "o universo não é uma coleção de objetos, mas uma comunhão de sujeitos". Todos os seres vivos, humanos e mais-que-humanos pertencem à grandiosa Árvore da Vida!

A mente, cansada de divisões e conflitos, busca criar um mundo de uniformidade. Em nível global, começamos a ver uma arquitetura uniforme, comidas padronizadas, bebidas e roupas. As franquias de lojas e restaurantes vendem os mesmos bens e alimentos produzidos em massa em Nova Iorque e Nova Delhi, de Pequim a Berlim. Essa uniformidade pode ser qualquer coisa, exceto unidade.

Precisamos nos lembrar de uma verdade simples: as guerras, o terrorismo, as mudanças climáticas, a pobreza, e todos outros grandes problemas humanos, são meros sintomas de uma doença profundamente enraizada da nossa separação da natureza e desconexão com nossa comunidade humana. Se não lidarmos com as causas raízes de nossas crises ecológicas e sociais, não seremos capazes de minimizar ou mitigar a dor da pobreza, a agonia das guerras e todo o caos causado pelas mudanças climáticas. Ao abraçar uma nova narrativa de unidade, mudamos nossa visão de mundo antropocêntrica para uma visão de mundo ecocêntrica; passamos do auto-interesse ao interesse comum, descobrindo unidade na diversidade.

– MEDITANDO NA UNIDADE DA VIDA –

A palma esquerda representa o eu; a palma direita representa o mundo.

Eu junto minhas duas palmas e, fazendo assim, eu me uno ao mundo.

Eu reverencio a vida sagrada, a Terra sagrada, o universo sagrado e o cosmos sagrado.

Eu reverencio o solo sagrado, o ar sagrado, o fogo sagrado, a água sagrada e o espaço sagrado.

Eu vejo todos os seres em mim e a mim mesmo em todos os seres.

Eu vejo o universo inteiro em mim e a mim mesmo em todo o universo.

Eu sou um microcosmos do macrocosmo.

Eu sou feito de terra, ar, fogo e água.

O cosmos é o meu país, a Terra é a minha casa, a Natureza é minha nacionalidade e o amor é minha religião.

Todos os seres vivos são sustentados pelo mesmo sopro de vida, fluxo de água, calor do fogo e solidez do solo.

Assim, estamos todos conectados, todos relacionados, somos inter-seres.

Compartilhamos uma origem única.

Unidade e diversidade dançam juntas.

Toda nossa prosperidade é mútua.

Eu celebro a mutualidade, a reciprocidade e as relações.

Quando a separação e a divisão acabam, também cessa o sofrimento.

Vou além do certo e errado, além do bem e do mal.

Eu reverencio a unidade da vida. Eu reverencio a diversidade de formas.

Eu inspiro e expiro.

Eu sorrio, relaxo e entrego.

Abro mão de toda expectativa, apego e ansiedade.

Abro mão de toda preocupação, medo e raiva.

Abro mão do ego.

Eu inspiro e expiro.

Eu sorrio, relaxo e entrego.

Estou em casa. Estou em casa. Estamos em casa.

4

Diversidade

Me decidi a ficar firme no amor;
o ódio é um peso grande demais para suportar.

– MARTIN LUTHER KING JR.

Inspire gentilmente e expire gentilmente. E, enquanto faz isso, lembre-se que todos respiramos o mesmo ar. Toda a humanidade está respirando e compartilhando o mesmo ar. E o mesmo é válido para a vida para além da humanidade: animais, plantas e minerais. Toda a vida é sustentada pelo mesmo sopro. A partir desse senso de unidade da vida e conexão com o todo, inspiramos e expiramos, de forma consciente e comprometida. E curtimos esse sopro que sustenta a vida sem o qual não podemos sobreviver.

Quando respiramos juntos, pensamos em milhões de formas de vida. A diversidade é a chave para uma humanidade saudável e a chave para um novo paradigma e uma nova civilização. A evolução favorece a diversidade. No começo do tempo como conhecemos – no instante do Big Bang – não existia diversidade nenhuma. Existia gás, e depois, eventualmente, água. E, assim, com bilhões de anos de evolução, milhões de espécies diferentes surgiram: plantas e animais, fungos e bactérias. A biodiversidade é uma necessidade para o florescimento da vida. Toda vida. Mas, infelizmente, em busca do crescimento econômico, esquecemos nossa responsabilidade sagrada de manter a biodiversidade.

Nós nos tornamos confusos. Todos nossos esforços estão voltados para o crescimento econômico. A grande maioria dos seres humanos se torna objeto para o crescimento econômico. A Natureza também se torna uma ferramenta para o crescimento econômico, um recurso a ser explorado para a geração de lucro. Quando olhamos para a Natureza como um mero artefato para a economia, então o único valor da Natureza é ser útil para o interesse da produção e consumo humano de bens e serviços. Estamos tratando a Natureza como uma máquina, um equipamento. E, assim, julgamos seu valor em termos financeiros. Sacrificamos a vida e as terras selvagens em prol da economia. O resultado é a perda de biodiversidade em todas as esferas e níveis, a taxas alarmantes.

É reconfortante saber que esse paradigma industrial – economia sobre ecologia – tem somente alguns séculos. Nossos irmãos e irmãs indígenas viveram em harmonia com a natureza por milhares de anos. Eles sabem que a Natureza não é um meio econômico. Natureza é a fonte da vida. Nosso planeta é uma fonte sagrada da vida, um organismo vivo. A Terra é nossa casa comum para os humanos e para todas as outras espécies vivas. Nessa nova narrativa, a economia é um subtema da ecologia.

Acredito firmemente nos direitos humanos, mas precisamos ir um passo além. Devemos dizer que a Natureza também tem direitos. Os direitos da Natureza andam de mãos dadas com os direitos humanos. Toda essa interconexão, interdependência, essas interrelações, precisam ser reconhecidas e legitimadas. Os direitos da Natureza precisam ser respeitados e integrados em nossas constituições e leis nacionais e internacionais. Deveríamos ativamente proteger a biodiversidade da produção e do consumo em massa monocultural, que são gerados pelas economias industriais. Precisamos de legislação que proteja a Natureza e a biodiversidade, que reconheça seu valor intrínseco.

Precisamos reaprender a dar grande importância ao bem-estar do planeta e ao bem-estar da humanidade, em vez de privilegiar o crescimento econômico, a produção, o consumo, o lucro e o dinheiro. Esses são meios para um fim. O fim precisa ser o bem-estar do nosso planeta e sua biodiversidade, que inclui as comunidades humanas.

Podemos criar uma nova forma de existir no mundo. Um novo paradigma. Ao mudar nossas motivações e intenções, tudo muda. O que quer que a gente faça, podemos fazer como um serviço aos seres vivos, como um ato de amor pela diversidade da vida. Podemos recriar um relacionamento mais harmonioso e amoroso com o planeta. Podemos sentir-nos unidos à Natureza. Podemos trocar nossa visão de mundo econômica materialista e consumista por uma visão holística ao cultivar um amor pela diversidade.

Precisamos criar uma nova economia, uma economia natural, uma economia do amor.

A Natureza é abundante e nunca desperdiça. O fruto que não é comido retorna ao solo e o enriquece: um sistema perfeito. Podemos aprender tudo que precisamos sobre diversidade com a Natureza. A Natureza é nossa professora. A Natureza é nossa mentora. Tudo o que precisamos é tentar entender suas lições.

Se queremos criar um novo paradigma – uma nova economia – uma civilização na qual humanos e a Natureza possam viver em harmonia, então precisamos começar criando um novo tipo de educação enraizada no princípio da diversidade. Da mesma forma em que aprendemos ciências, matemáticas, história e geografia nas escolas e universidade, precisamos também aprender a amar a diversidade da Natureza e das pessoas. Aprender a amar a diversidade e a ser compassivo é tão fundamental à vida quanto aprender de onde viemos e para onde vamos. Desde a tenra idade, devemos celebrar a biodiversidade e a diversidade cultural de nosso precioso planeta Terra.

5

Uma ecologia do amor

O amor está na flor
Você precisa deixar que ele cresça.

– JOHN LENNON

Foi Arne Naess, um filósofo norueguês, que fez a distinção entre Ecologia Superficial e Ecologia Profunda. A Ecologia Superficial considera a conservação da natureza importante uma vez que a natureza é útil aos seres humanos. É uma visão de mundo antropocêntrica. Nessa visão, os humanos são uma espécie superior e especial. O mundo natural existe para um único propósito: atender as necessidades humanas. De acordo com a Ecologia Superficial, os humanos devem cuidar do meio ambiente – animais, oceanos, rios e florestas – para que possam se beneficiar da Natureza também no futuro. Os ecologistas superficiais desejam um futuro sustentável para a humanidade e veem a Natureza como um "recurso" para a economia.

Para os adeptos da Ecologia Profunda, a Natureza tem valor intrínseco. A Natureza não é um recurso para a economia, mas a fonte da vida em si. As árvores são boas, não somente porque nos dão oxigênio, retiram o dióxido de carbono do ar, ou nos dão sombra, frutas e madeira. Elas são boas em e por si mesmas. As árvores, assim como os oceanos e as montanhas, já estavam aqui muito antes dos seres humanos entrarem em cena. Como podemos dizer que somos superiores à Natureza e que a Natureza existe para nos servir? Os ecologistas profundos reconhecem não só os direitos humanos, mas também os direitos da Natureza. Assim, os Ecologistas Profundos enxergam a Ecologia Superficial como um imperialismo humano arrogante, no qual os seres humanos se declaram os conquistadores do mundo natural.

A Ecologia do Amor concorda com tudo o que diz a Ecologia Profunda e acrescenta uma dimensão a mais: ela considera que a Natureza é sagrada. Ela diz que a vida é sagrada, e que os seres humanos precisam cultivar um senso de gratidão em relação à Natureza.

Todas as religiões têm a tradição da reverência à Natureza. Para alguns cristãos, o santo patrono da Ecologia é São Francisco de Assis, que convenceu o lobo assassino de Gubbio a viver em paz com suas vítimas. Existe uma nova consciência em muitos grupos religiosos que consideram seu dever sagrado plantar árvores, cuidar da terra e adotar práticas de agricultura e pecuária compassivas. A reverência à vida é um impulso religioso. É uma responsabilidade religiosa ser generoso e gentil com a Natureza. Possuir um sentimento de gratidão por todas as dádivas da vida, que recebemos todos os dias, é um imperativo espiritual. Como podemos desconsiderar, desrespeitar e destruir a Natureza se acreditamos que ela é uma criação e dádiva de Deus?

Os Ecologistas Superficiais acreditam que a Natureza é inanimada. Nós, seres humanos, possuímos uma mente, inteligência e consciência. Mas do ponto de vista da Ecologia do Amor, a Natureza também possui mente, espírito, alma e inteligência. A semente da maçã tem memória: ela sabe exatamente em que se tornar. Ser ou não ser pode ter sido uma questão para o Hamlet, de Shakespeare, mas não é uma questão para a semente de maçã. A semente do ser nunca se encontra confusa. Ela sabe sua real natureza. Ela sabe quem é, o que é e o que almeja ser.

Quando eu era um pequeno menino, minha mãe me dizia para reverenciar as árvores.

– "Por quê, mãe?", eu dizia.

– "A árvore é nossa professora e a melhor professora do mundo", ela dizia. "Ainda melhor do que o Buda".

– "Mãe, isso não pode ser verdade", eu questionava. "Não existe professor maior do que o Buda. Ele é nosso professor supremo".

– "Meu filho, onde o Buda obteve sua iluminação? Aconteceu quando ele estava sentado aos pés de uma árvore. Hoje em dia, não encontramos a iluminação porque não nos sentamos com as árvores. Quando Buda estava sentado junto à árvore, ele aprendeu o princípio de harmonia do Universo. O sol e a chuva estão em harmonia com a árvore. A árvore está se nutrindo do solo e o solo é transformado em fruta. A fruta oferece alimento às pessoas, pássaros e abelhas. Todos os fenômenos são interconectados e interdependentes. Somos todos relacionados. Buda aprendeu isso tudo com as árvores".

No momento em que percebemos que estamos todos relacionados, o planeta se torna nossa casa. Os pássaros voando no céu são nossos amigos e parentes. Os veados e os coelhos na floresta são nossos irmãos. Mesmo tigres e elefantes, cobras e minhocas são membros de uma única família terrestre. Sem as minhocas, não teríamos comida em nossas mesas. As minhocas trabalham dia e noite, sem fim de semana, sem feriado, sem salários. Vida longa às minhocas, eu digo! Darwin desenvolveu sua teoria da evolução ao estudar as minhocas, então devemos agradecê-las pelo presente do conhecimento. Quando temos esse sentimento de gratidão, chegamos à Ecologia do Amor.

Na perspectiva da Ecologia Superficial, os humanos e a Natureza são separados. Na Ecologia do Amor, os humanos e a Natureza são um só. Somos todos feitos de terra, ar, fogo, água e espaço. Tudo que existe no Universo está em nós. Sem o sol e a lua, não podemos existir. Somos todos um Universo em miniatura, um microcosmos do macrocosmo. Dentro da Ecologia do Amor, os humanos percebem a unidade expansiva da vida, e toda nossa desconexão pequena e egoísta desaparece. Em uma Ecologia do Amor, somos todos de uma única comunidade terrestre, uma família. Com essa consciência, somos libertados do peso da separação. Passamos do egocentrismo ao ecocentrismo, transformando toda nossa visão de mundo. É aqui que tocamos a mente de Deus.

Ao concluir seu livro "Uma breve história do tempo", Stephen Hawkings disse que um dia iríamos conhecer a mente de Deus. Com a Ecologia do Amor, podemos conhecer a mente de Deus nesse exato momento. Deus não está para além do céu. Ele está em qualquer e todo lugar do cosmos. Deus significa consciência cósmica. Só precisamos expandir nossa consciência e saber que cada um de nós é um cosmos em miniatura. Todas as forças cósmicas se encontram em nós e nós estamos no cosmos. A Ecologia do Amor nos convida a sentir-nos em casa e à vontade, neste belo planeta e neste maravilhoso cosmos.

6

Uma trindade do Amor

Deus nos guarde da visão única e do sono de Newton.

– WILLIAM BLAKE

O Amor Radical é uma visão de uma transformação total e uma visão de uma harmonia holística. A existência é uma realidade multidimensional, não uma visão de uma só dimensão. Criamos uma vida o mais perfeita possível por meio do: amor à Natureza – Solo; amor a si mesmo – Alma; e amor aos outros – Sociedade. Essa é a trindade do amor para uma nova era.

No Bhagavad Gita, Krishna diz ao guerreiro Arjuna que, desde o começo da vida, o ser existe em três dimensões: a natural, a espiritual e a social. Os cinco elementos são presentes do universo para todas as formas de vida. Como humanos, respiramos ar e bebemos água para sobreviver. Cultivamos nosso alimento no solo para nos sustentar. Utilizamos o fogo para cozinhar e nos aquecer, e no espaço nós vivemos. A economia do universo é uma economia da dádiva, baseada na reciprocidade. Não é uma economia do saque, que cria desperdício, poluição e desigualdade. É nossa responsabilidade garantir que os cinco elementos sejam bem cuidados, limpos, puros, recuperados periodicamente. Na tradição Védica, esse ato de recuperação é chamado de *yagna,* o que significa amor pela Natureza, ou amor pelo solo, uma vez que o solo representa todos os elementos naturais.

A partir do dia em que nascemos, recebemos de presente um corpo, nossos sentidos, inteligência, e uma alma: o eu, nosso ser inteiro. Da mesma forma que somos chamados a manter a pureza e integridade dos cinco elementos externos para nosso bem-estar, também somos chamados a estar sempre atentos à pureza, integridade e saúde dos nossos elementos íntimos: nossa mente, corpo, espírito e inteligência. Ao viver vamos, necessariamente, experienciar a exaustão, *burnout,* estresse e, até mesmo, desespero. Assim, nossa responsabilidade é encontrar meios de restaurar, recuperar e nutrir nossas almas, nosso eu. Esse autocuidado não é um ato de egoísmo; é um imperativo e um pré-requisito para o cuidado com os outros. Esse autocuidado é chamado de *tapas,* que quer dizer "amor a si mesmo", ou "amor pela alma".

Não nascemos como indivíduos isolados e desconectados. Somos membros de nossas famílias, nossos bairros, nossas comunidades, e nossa sociedade, de forma mais ampla. Recebemos as dádivas dos alimentos, água e calor da Natureza, e as dádivas da imaginação, consciência, memória e inteligência da nossa alma, e também recebemos muitas dádivas de nossa comunidade humana. Esses presentes incluem a cultura, arquitetura, literatura, filosofia, religião, artes, ferramentas e muito mais. Recebemos esses presentes de todos que viveram no passado e continuamos a recebê-los no momento presente. Não estamos aqui apenas para consumir as dádivas dos outros; somos responsáveis por oferecer presentes semelhantes de volta. Somos chamados a contribuir com nossa criatividade, talento, nossas habilidades, como presentes oferecidos em abundância para enriquecer nossa ordem social. Esse retorno para a comunidade deve ser em reconhecimento à nossa mutualidade e reciprocidade. Quando isso é feito com um espírito de serviço altruísta, é conhecido como *dana,* o que significa amor por todas as pessoas, independente de casta, religião, raça ou nacionalidade.

Esses três princípios intemporais do Bhagavad Gita – *yagna, tapas, dana* – são tão relevantes hoje como quando foram formulados milhares de anos atrás. Eu os adaptei e reformulei para a nossa época, uma nova trindade para os nossos tempos: Solo, Alma e Sociedade.

Nossa sociedade encoraja a especialização do pensamento, mas é importante lembrar que a trindade representa três aspectos de uma visão holística. Existem aqueles que talvez se sintam tentados a se dedicar totalmente para a conservação e proteção da Natureza, enquanto as dimensões espirituais ou metafísicas não entram em sua consciência. Outros talvez se dediquem de todo coração para uma busca espiritual – a prática da meditação ou yoga, o estudo de textos espirituais e uma vida de autoconhecimento – com pouca preocupação com a preservação do mundo natural. Outros, ainda, podem dedicar a vida para causa de justiça social, direitos humanos e igualdade econômica. Para esses, os assuntos espirituais podem parecer como autoindulgência e a conservação da Natureza pode parecer algo muito distante da experiência humana.

Devemos abandonar todas as noções preconcebidas por um momento e ver a perspectiva holística oferecida pelo Bhagavad Gita, que nos diz que tudo é conectado e relacionado. Somos todos feitos uns dos outros. Natureza, espírito e humanidade são três dimensões de uma realidade. Mesmo quando focamos em uma única dimensão de nossa existência terrena, precisamos estar atentos às conexões sutis e ocultas entre o externo e o interno, entre o social e o espiritual, e entre o natural e o industrial.

Aqueles preocupados com a preservação da Natureza precisam lembrar que a Natureza não se encontra só *lá fora.* Se preocupar com os seres humanos é tanto parte da conservação da Natureza quanto se preocupar com a vida selvagem. Da mesma forma, cuidar dos direitos da Natureza é igualmente parte do cuidado dos direitos humanos quanto trabalhar para justiça social e desenvolvimento econômico.

A Natureza e os humanos não são só entidades físicas. A Terra e todos os seres vivos que nela habitam, humanos e mais-que-humanos, são organismos vivos e complexos. Somos a encarnação de compaixão, generosidade, humildade e amor. Se temos uma boa ordem social e um meio ambiente limpo, mas não temos alegria, empatia ou amor, então como seria a nossa vida? Precisamos de um meio ambiente limpo, de uma ordem social justa e de uma vida pessoal próspera em igual maneira; precisamos de espiritualidade e amor em nossos corações para nos sentirmos realizados. É isso que Krishna diz a Arjuna: não existe fragmentação ou desconexão entre o natural, o espiritual e o social. Somos um inteiro integrado.

7

Solo

O solo é o grande conector das vidas,
a fonte e destinação de tudo.

– WENDELL BERRY

O solo é a fonte de vida na Terra. Tudo que existe vem do solo e a ele retorna. Se cuidamos de nossos solos, o solo cuida de nós e de todas nossas necessidades. O solo nos dá comida, árvores, água. O solo nos sustenta e a todas nossas habitações, e ainda assim é tão humilde que continua sob os nossos pés.

O solo também é chamado de "húmus", da mesma raiz que *humano* – que conexão maravilhosa: os seres humanos são, literalmente, seres do solo. Os humanos precisam ter respeito ao húmus; precisamos praticar *humildade*, uma palavra que também deriva da mesma raiz. É o caso também de *umidade*. A humildade está ligada à umidade. Através da umidade o solo é nutrido; através da humildade a alma é respeitada. Todas essas são palavras cheias de significado: *húmus, humano, umidade* e *humildade*.

– 55 –

Uma civilização industrial considera que o solo é inerte e utiliza químicos e fertilizantes para o dotar de vida. Isso mostra nossa ignorância – nossa falta de *humildade* – e nosso fracasso em valorizar a natureza viva do solo.

Chegou a hora de celebrar a magia da Mãe Terra.

A palavra *cultura* também é relacionada ao solo. De acordo com o dicionário inglês Oxford, até o fim do século dezoito, *cultura* significava um campo cultivado ou uma área de terra. Em outras palavras, o cultivo do solo. É disso que deriva a palavra *agricultura*. Assim, natureza e cultura são unidas. Uma pessoa não poderia ser culta sem cultivar o solo e nutrir a Natureza. Nos séculos dezenove e vinte, *cultura* passou a ser associada com o cultivo da alma e da imaginação por meio da música, poesia, pintura e dança. Aqueles que cultivavam o solo sabiam que também estavam cultivando a alma. Por meio da dança popular, da música popular e das pinturas, os agricultores nutriam suas almas enquanto cuidavam do solo. A cultura é a ponte entre solo e alma, entre húmus e humanos.

Com o surgimento da modernidade, do industrialismo e do urbanismo, o conceito de civilização foi criado. *Civil* e *civilidade* significam "de ou pertencente à cidade". Aqueles que viviam nas cidades se chamavam de cidadãos civilizados e começaram a menosprezar os camponeses, as pessoas rurais e os trabalhadores do campo. Para muitos, o solo se configurou em sujeira e essa mudança de consciência significou abandonar uma vida na terra para viver na cidade. Aqueles que cultivavam o solo e tiravam seu sustento da agricultura passaram a ser considerados como "incivilizados".

A missão da modernidade era, e ainda é, levar as pessoas para as cidades, onde podem trabalhar em fábricas, lojas e escritórios, e não mais na terra. Claro que os cidadãos ainda precisam de alimentos. Então eles são produzidos não mais pela agricultura, mas pelo agronegócio e fazendas industriais de larga escala A produção em massa de monoculturas utilizando maquinário pesado e robôs se tornou a forma moderna de cultivo. Não precisamos mais de agricultores para cultivar o solo ou mesmo tocá-lo. O trabalho é ser o mestre das máquinas, dirigir colheita-deiras e tratores enormes, e deixar que os robôs tirem o leite das vacas, matem os porcos e mesmo plantem e colham os cultivos.

A consequência indesejada dessa mudança de cultura para civilização é que a agricultura se tornou completamente dependente dos combustíveis fósseis. Agora, enfrentamos um problema enorme de excesso de emissões de dióxido de carbono na atmosfera. Vinte a trinta por cento das emissões de CO_2 estão relacionadas à agricultura industrial; e uma parcela semelhante está relacionada ao transporte e refrigeração de alimentos e ao desperdício de alimentos.

Quem teria imaginado que nosso progresso, desenvolvimento, modernidade – nossa civilização – iria ameaçar nossa própria existência? Além da insegurança externa causada pelas mudanças climáticas, as sociedades "civilizadas" sofrem também de inseguranças internas. Estamos vivendo em uma era de ansiedade. A falta de sentido para a vida e de satisfação com o trabalho causam muita desilusão e mesmo depressão.

A causa subjacente dessa insegurança externa e interna é nossa separação e desconexão com o solo. Sob a influência da civilização, sociedades modernas deixaram de reconhecer que os humanos e o húmus são relacionados. O imperativo de nossos tempos é cultivar o amor ao solo. Somos parte integral do solo. O que fazemos ao solo, fazemos a nós mesmos. Se continuarmos a envenenar o solo, sofreremos as consequências.

A mudança começa por colocarmos nossas mãos no solo e expressarmos nosso amor e gratidão ao solo, por ser tão generoso e abundante ao nos oferecer alimento físico e espiritual. A celebração do solo é uma celebração da vida. O solo é bom. O solo é virtuoso. O solo é lindo. O solo é sábio. Ao nos conectarmos ao solo, nos conectamos com a inteireza do cosmos.

8

Sementes

O que quer que aconteça com as sementes,
afeta toda a rede da vida.

— VANDANA SHIVA

Uma semente é um milagre.
Uma pequena semente de maçã é casa para uma enorme macieira.
Olhe para essa semente de maçã.
Essa pequena semente contém uma alta árvore.
A partir dessa pequena semente de maçã, surge uma árvore frondosa.
Essa árvore está lá nos últimos cinquenta anos.
Essa árvore nos deu milhares de maçãs.
Cada maçã tem mais seis sementes.
A partir de uma única semente, podemos criar todo um pomar de
macieiras!
A semente é tão poderosa.

Como pode uma pequena semente se tornar em uma grandiosa macieira?

Vamos encontrar uma resposta.

A semente precisa abrir mão de si mesma.

Precisamos plantar a semente em solo bom.

Nunca mais veremos essa semente,

O solo cuidará da semente.

Sem o solo, a semente não pode virar macieira.

Depois de alguns meses, a semente renasce como uma pequena mudinha.

É tão frágil.

É uma planta pequena e linda.

Temos que ter muita paciência e confiar.

Precisamos aprender a esperar e ver seu crescimento,

Damos um pouco de água à semente para nutrição.

Sem água, não pode haver macieira.

Graças ao solo e à água a mudinha se fortalece.

Ela forma um tronco e galhos.

Isso é pura mágica.

Nos galhos, surgem várias folhas verdes.

Na primavera, de repente temos flores maravilhosas.

Elas são rosa e brancas... e lindas.

As abelhas circulam ao redor e as polinizam.

Sem abelhas, não pode haver maçãs.

Dessas flores macias, maçãs bebês irão nascer.

O calor do verão as ajudará a amadurecer.

Sem o sol, não pode haver maçãs.

Graças ao sol, ao solo e à água, as maçãs começam a amadurecer.

Elas se tornam coloridas e aromáticas.

Elas se tornam doces e suculentas.

Elas viram maçãs.

Ao chegar o outono, elas estão prontas para nutrir a vida.

A macieira é muito generosa.

A macieira tem um amor sem limites.

A macieira oferece maçãs para todo mundo, como um presente.

Ela nunca pergunta: "Você tem algum dinheiro com você?"

"Quem quer que você seja, pegue uma maçã", a árvore parece dizer.

Rico ou pobre, jovem ou idoso, preto ou branco, "pegue uma maçã".

A macieira nunca discrimina.

É um amor sem limites que ela oferece.

A macieira é nutrida pelo sol, solo e água.

Ela, em retorno, nutre os seres humanos, animais, aves e insetos.

As maçãs são um presente do universo.

Recebemos essa dádiva com gratidão.

A macieira conhece o ciclo da vida.

Temos a árvore a partir da semente.

Temos sementes a partir da árvore.

A macieira é feita de solo.

Com suas folhas, a macieira alimenta o solo.

A semente da maçã tem memória.

A semente lembra como se tornar uma maçã: ela nunca vira uma pera.

Uma macieira é uma obra de arte.

Os artistas pintam macieiras.

Tiramos fotos das macieiras cheias de frutos coloridos.

Os poetas escrevem em elogio à macieira.

O cientista Isaac Newton viu uma maçã caindo de uma árvore e
descobriu a gravidade.

O Buda se sentou embaixo de uma árvore e se iluminou.

A árvore da vida emerge de uma humilde semente.

Sem a semente não existe árvore.

Sem a árvore, não existe semente.

Semente, sol, solo, água e abelhas estão em harmonia com as árvores.

A semente é humilde; ela fica feliz ao estar no solo,
debaixo de nossos pés.

Ainda assim, ela produz milhares de maçãs para todos.

Uma semente é um milagre.

9

Água

Os rios sabem isso: não existe pressa;
chegaremos lá algum dia.

– A. A. MILNE

Às margens do rio Dham, próximo à cidade de Wardha na Índia Central, meu professor Vinoba Bhave tem seu *ashram*. Uma vez, quando era jovem, o visitei lá e estávamos caminhando de manhã ao longo do rio. Era a hora certa do dia para aproveitar suas palavras de conhecimento, que fluíam da boca desse grande sábio como a água mais pura.

– "Seja como a água, meu amigo".

– "Como posso ser como água?", perguntei.

– "Seja fluido como a água. Mesmo quando há um lago, a água continua a fluir. Minha forma favorita de água é um rio. Sempre em movimento. Nunca fixo. Nunca estagnado. Nunca apegado."

– "Mais como posso ser como água?", perguntei.

– "Viva dentro dos seus limites", disse Vinoba. "Um rio flui dentro dos limites de suas margens e é livre. Você também pode vivenciar sua liberdade quando conhece seus limites e pratica a restrição."

– 63 –

– "O que mais posso aprender com a água?", perguntei.

– "Seja flexível como a água", disse Vinoba. "Se colocamos a água em uma garrafa, ela assume a forma da garrafa. Se a colocamos em um copo, ela assume a forma do copo. A água se acomoda em seu ambiente, mas mesmo assim nunca perde sua identidade. Você também pode ser fiel à sua natureza e, ainda assim, nunca entrar em conflito com seu ambiente, seus vizinhos, sua família, seus amigos. A água não tem inimigos. Ela sempre está a serviço das plantas, animais e humanos, aliviando a sede e nutrindo toda a vida. Nós, humanos, também deveríamos estar a serviço dos outros. Isso é o que eu aprendi com a água. A água vive para manter a vida dos outros."

– "Você está dizendo que eu deveria olhar para a água como uma professora?", perguntei.

– "Sim, isso é exatamente o que estou dizendo!", exclamou Vinoba. "A água é tão suave que você pode bebê-la. Você pode colocar água em seus olhos. Pode nadar nela. Ainda assim, ela é tão poderosa. Com o tempo, mesmo as rochas pontiagudas se tornam lisas debaixo d'água. E com mais tempo ainda, essas rochas viram areia. Nunca subestime o impacto desse poder suave! Mesmo um grande fogo fora de controle é dominado pelo poder da água. Assim, te digo, meu amigo, seja como a água". Pausamos e ficamos silenciosos por um momento, ao lado do rio. "A água não é uma commodity", ele disse por fim. "A água é mais que um recurso. Ela é a fonte da vida. A água é sagrada. Desperdiçar ou poluir a água é um pecado contra a Natureza. Ame a água."

Eu nasci no Deserto do Thar, no Rajastão, também conhecido como o Grande Deserto Indiano. É o 17º maior deserto do mundo e o maior da Índia, com 238 mil quilômetros quadrados, dos quais 60% estão no Rajastão. Então sou uma criança de uma terra arenosa e seca. Se tivéssemos seis semanas de chuva no ano, nos considerávamos sortudos. Cada gota de água que caía em nosso telhado era economizada em nossa caixa d'água, que usávamos para beber, cozinhar e tomar banho. Enquanto crescia, a água era escassa e preciosa. Falei disso com Vinoba naquele dia, em que estávamos perto do rio, o agradecendo e garantindo que nossa conversa sobre água ressoava em mim de forma profunda.

Vinoba me lembrou de um conto que, desde então, ficou famoso na Índia, mas que eu iria ouvir pela primeira vez naquele momento. Enquanto andávamos de volta pelo rio, ele me contou uma história sobre a visita de Mahatma Gandhi à casa da família Nehru, na cidade de Alaabade. A casa era conhecida como Ananda Bhavan, o Palácio da Alegria. Era o ano de 1942, e em cinco anos o Sr. Nehru iria se tornar o primeiro Primeiro Ministro da Índia.

Apesar de sua casa relativamente luxuosa, não existia água encanada. Pela manhã, o próprio Nehru trazia um jarro de água e uma vasilha para Gandhi. Nehru trazia uma toalha em seu braço esquerdo e com a mão direita virava a água na vasilha enquanto Gandhi lavava seu rosto e escovava os dentes. Ao despejar a água, Nehru perguntou à Gandhi sobre seus planos para convencer a maioria dos indianos a seguir o caminho da não-violência na luta para encerrar o domínio britânico sobre a Índia. Gandhi explicou que seus exemplos e a sua convicção profunda seriam os melhores caminhos para convencer os outros.

– "Me desculpe, Bapu." interrompeu Nehru, de repente ansioso. "Você aguardaria um minuto enquanto eu busco mais água?"

– "Eu já usei toda a água?", Gandhi perguntou, nitidamente perturbado. "Eu deveria ter me concentrado em me lavar e não deveria ter me distraído com todas essas grandes ideias ao mesmo tempo. Eu deveria ter feito toda a minha higiene com um jarro de água. Deveria ter sido mais cuidadoso."

– "Bapu, não se preocupe com isso. Eu sei que você vem de uma região seca e deserta, na qual a água é escassa. Mas aqui não nos falta água. Dois grandes rios se encontram aqui na nossa cidade de Alaabade, e temos até um terceiro rio, mítico, que mantém a água alta em nossos poços".

– "Nehruji, você pode ter três grandes rios na sua cidade, mas isso não me dá o direito ao desperdício. Minha parte é de somente um jarro de água por dia."

Nehru reparou que havia lágrimas nos olhos de Gandhi, o que o tocou e o surpreendeu. Foi então que ele reparou que Gandhi era realmente um homem de autocontrole. Ele convenceu Gandhi a deixá-lo trazer outro meio jarro de água, uma exceção, para que ele terminasse de se lavar. Quando Nehru trouxe a água, Gandhi terminou sua higiene.

– "Eu sei que você acha que estou exagerando", ele disse, "mas eu acredito que existe o suficiente no mundo para as necessidades de todos, mas não para a ganância de alguns, ainda mais para o desperdício de alguns. Especialmente com a água, que é particularmente preciosa; a água é a vida em si mesma. Sua abundância não nos dá o direito de desperdiçar. Estávamos agora falando de não-violência; para mim, o desperdício é violência."

Concluímos nossa caminhada pelo rio Dham, e eu agradeci Vinoba por compartilhar sua sabedoria e contos comigo. Ele chegou próximo ao rio pela última vez.

– "A água é nossa mestra e fonte de nossas vidas. Precisamos aprender a amá-la e respeitá-la, e usá-la com gratidão e humildade."

10

Um tributo à Mãe Terra

Dezembro, 1972
As pessoas dizem "quero ir para o céu quando morrer".
Na verdade, chegamos ao céu no dia em que nascemos.

– JIM LOVELL, astronauta da Nasa

Quando vi a icônica imagem da Terra feita pela NASA, instantaneamente me apaixonei pela magnífica "bolinha de gude azul". E, por meio dessa imagem incrível, me apaixonei novamente pela Terra em si. Escrevi esse tributo à Mãe Terra.

Eu via uma pérola azul preciosa no oceano cósmico. Um milagre na mente cósmica.
Naquele momento de êxtase, disse a mim mesmo: essa é Gaia, minha deusa viva.
Essa é a Mãe Terra, minha amada mãe, e a mãe de tudo o que vive.
Essa é nossa casa, nossa única casa, lar de todos os humanos, animais, montanhas, rios, florestas, oceanos e trilhões de formas de vida.

Essa é a Terra viva, autossustentável, autogestionada e autossuficiente.

A Mãe Terra nutre a si mesma e todos seus filhos com alimento, água, ar e calor.

Ela providencia roupas, abrigo, energia, arte, criatividade e cultura para todos sem discriminação ou julgamento.

Por vezes nós, seres humanos, desprezamos nossa Mãe Terra benevolente.

Como crianças travessas, nos comportamos mal e agimos de forma desrespeitosa.

Poluímos as águas, envenenamos o solo, contaminamos o ar.

Desperdiçamos energia e desrespeitamos os limites das capacidades de nossa mãe, ameaçando sua própria existência.

Criamos conflitos e guerras em nome da religião, de sistemas políticos, do nacionalismo, ou outras fronteiras superficiais e artificiais.

A Mãe Terra trabalhou duro, por bilhões de anos, para evoluir e criar biodiversidade, diversidade cultural e diversidade de verdades, mas nós humanos transformamos a diversidade deliciosa em divisões horríveis, e então guerreamos por causa dessas divisões e matamos uns aos outros.

Por meio da imagem da bela Bolinha Azul, nossa Terra

nos lembra que deveríamos transcender essas divisões artificiais e superficiais e proteger e preservar a maravilhosa diversidade de vida enquanto, ao mesmo tempo, celebramos a unidade da vida.

No fim das contas, somos todos membros de uma família terrestre.

A Mãe Terra com certeza cuida de nós. Estamos cuidando dela em retorno?

A Mãe Terra nos ama. Será que a estamos amando?

Eu, com certeza, sou apaixonado pela magnífica Bola Azul.

A Terra é a luz dos meus olhos.

Eu farei tudo em meu poder para cuidar de nossa Mãe Terra.

– MEDITAÇÃO DOS QUATRO ELEMENTOS –

A Terra é um guia espiritual.

A Terra é paciente, clemente e generosa.

A Terra alimenta todos os seres vivos sem discriminação e sem julgamento.

Que eu possa aprender a praticar paciência, perdão, e generosidade com a Terra.

Que eu possa ser como a Terra, gentil com todos.

Eu saúdo a Terra.

O Ar é um guia espiritual.

O Ar sustenta, revigora e energiza.

O Ar mantém a vida para todos os seres; a vida de santo ou pecador, humano ou animal, cobra ou aranha, montanha ou macaco.

Que eu possa aprender com o Ar a sustentar, revigorar e energizar toda vida sem discriminação e sem julgamento.

Eu honro o Ar.

O Fogo aquece, purifica, permite e ilumina.

O Fogo é um guia espiritual.

O Fogo vem do sol.

O Fogo dissipa a escuridão.

Que eu possa ser luz para aqueles que estão perdidos na escuridão e calor para aqueles que sofrem de um coração gelado, quem quer que sejam.

Eu venero o fogo.

A Água é um guia espiritual.

A água é mais suave que uma flor e mais forte que uma rocha.

A água mata a sede e nutre todas as criaturas da Terra, independente de serem boas ou más, gentis ou cruéis, poeta ou prisioneiro, pobre ou rico.

A água segue fluindo, superando obstáculos, e se purifica ao fluir.

Que eu possa ser como a água e matar a sede de todos, aqueles que merecem ou não.

Que eu possa aprender com a água a ser suave e forte ao mesmo tempo.

Eu me curvo à água.

PARTE DOIS
Amor Radical globalmente

O amor não reconhece fronteiras.
— MAYA ANGELOU

11

Uma visão de mundo ecológica

Nos esquecemos de como ser bons hóspedes, como andar suavemente sobre a terra como fazem as outras criaturas.

– BARBARA WARD

Ecologia e economia são como irmãs. Ambas vêm da raiz grega *oikos,* que significa "casa" ou "lar". *Logos* significa "conhecimento", enquanto *nomos* significa "gestão". Então podemos pensar a ecologia como o "conhecimento sobre nosso lar" e a economia como "a gestão de nosso lar". Na cabeça dos filósofos gregos, *oikos* é um termo muito inclusivo. É onde uma família se reúne em quartos, salas e cozinhas, mas também uma nação é uma *oikos,* e, em última instância, o planeta como um todo é uma *oikos.* Animais fantásticos, florestas fabulosas, montanhas majestosas, oceanos maravilhosos, e, claro, seres humanos imaginativos e criativos são todos membros desse único lar planetário.

Se meditarmos no significado original e verdadeiro da palavra *economia,* logo percebemos que ela é uma subsidiária da ecologia. Sem ecologia, não pode haver economia.

A produção e consumo sem fim, a busca de lucro para gerar crescimento econômico, progresso, e desenvolvimento se tornaram os objetivos mais valorizados da moderna ordem mundial. A Natureza, que é outro nome para *oikos*, é considerada um recurso para a economia. Recursos naturais, incluindo as pessoas, se tornaram meios para um fim – instrumentos para aumentar a lucratividade de negócios e corporações. Chegamos até a usar a expressão "recursos humanos".

A partir de uma visão de mundo ecológica, produção e consumo, assim como dinheiro e lucro, deveriam sempre ser somente meios para um fim. O objetivo final é o bem-estar das pessoas e a integridade do planeta. Se a produção, o consumo, e o crescimento econômico destroem a Natureza e exploram as pessoas, então essas atividades econômicas devem ser suspensas imediatamente.

A produção e o consumo são necessários. Entretanto, a partir de uma visão de mundo ecológica, eles devem ser procurados com moderação e de forma que respeite um equilíbrio natural. Na economia da Natureza não existe desperdício. É, assim, um imperativo ecológico que a produção e consumo humanos de bens e serviços não gere resíduos. Os resíduos são uma violência com a integridade ecológica do nosso planeta. O que quer que retiremos da Natureza, deve retornar à Natureza. O que não pode ser reabsorvido, não deveria ser produzido.

Uma economia industrial é uma economia linear. Extraímos os materiais da Terra, os processamos, utilizamos, e depois descartamos. A consequência é que muito acaba nos aterros, nos oceanos e na atmosfera. Precisamos substituir essa economia linear por uma economia circular. Todos os bens e produtos devem ser criados de forma que garanta seu retorno seguro para a Natureza, sem resíduos.

Na economia da Natureza, também não existe poluição. Se permitimos a sabedoria da consciência ecológica nos guiar, também podemos evitar a poluição da Terra. A poluição é a violação da pureza e beleza de nossa casa. Se poluímos o ar, ainda temos que respirá-lo; se poluímos a água, ainda temos que bebê-la; se poluímos o solo, ainda temos que comer os alimentos que ele produz.

Minha mãe costumava me ensinar que qualquer coisa que a gente produza ou consuma deve ter três características. Primeiro, deve ser belo. A beleza é um bálsamo para a alma. Nossos sentidos e nossos espíritos são nutridos pela beleza, que acende nossa criatividade e inspira nossa imaginação. Em segundo lugar, o que é belo deve também ser útil. Não existe nenhuma contradição entre beleza e utilidade. Forma e função devem ser combinadas de maneira harmoniosa. Em terceiro lugar, o que é belo e útil deve ser também durável. O que produzimos hoje deve ter longa vida. A obsolescência programada é uma violência contra a natureza. Essa fórmula – belo, útil e durável (BUD) – deveria ser a base para o estudo da economia.

Podemos aprender sobre a fórmula BUD ao olhar a Natureza e estudar o que ela produz. As árvores são belas. São lindas de se ver, possuem um equilíbrio e proporções naturais, mas também são incrivelmente úteis. Elas absorvem dióxido de carbono e oferecem oxigênio. Elas oferecem abrigo aos pássaros, que se aninham em seus galhos, e fornecem alimento para os humanos e para os outros animais. Finalmente, as árvores possuem uma vida longa. Um carvalho ou um teixo podem ficar de pé por milhares de anos.

Com uma visão de mundo ecológica transformamos a atitude que percebe o mundo natural somente em termos de sua utilidade para os humanos. Reconhecemos a unidade dos seres humanos com todos os outros seres vivos. Reconhecemos o valor intrínseco de toda vida, vidas humanas bem como vidas mais-que-humanas. Da mesma forma que defendemos os direitos humanos, devemos defender também os direitos da Natureza.

As universidades ao redor do mundo oferecem cursos de economia. Isso significa que deveriam estar ensinando a gestão de nossa casa Terrena. Uma vez fui convidado para a London School of Economics (LSE) para discutir uma visão de mundo ecológica. Antes da minha palestra, perguntei para alguns professores se seus cursos permitiam que os alunos estudassem uma visão de mundo ecológica. Eles disseram que ofereciam disciplinas em política e economia ambiental, bem como em mudanças climáticas e economia, mas nenhum curso em visão de mundo ecológica exatamente. Eu sugeri que "ambiente" e "ecologia" não era a mesma coisa e que as mudanças climáticas eram uma consequência do crescimento econômico prejudicial, enquanto que o estudo da ecologia deveria encorajar o conhecimento, a compreensão e a experiência de todo o ecossistema e de como as diversas formas de vida se relacionam umas com as outras.

A LSE ensinou milhares de jovens líderes de todo o mundo sobre técnicas e métodos de gestão econômica. A economia mundial está em suas mãos e, infelizmente, as coisas não estão boas. Mas a LSE não ensina ecologia. Isso significa que não estão ensinando o que essa nossa casa Terrena é. Estão ensinando aos alunos como gerir algo sem ensinar o que é esse algo que eles vão gerenciar! Esse não é um problema só da LSE. As universidades em todos os países ao redor do mundo ensinam economia sem focar na ecologia. É um problema de todo nosso sistema educacional. Nos esquecemos do real significado de "economia".

Muita ênfase é dada à gestão financeira. A economia se reduziu à gestão financeira em prol do interesse de um grupo restrito de pessoas, ao invés do interesse de todos os membros da nossa casa Terrena. A integração da ecologia com a economia é essencial. É por isso que encorajei a LSE a abraçar a visão de mundo ecológica, se tornando a LSEE, a London School of Ecology and Economics (Escola de Londres para Ecologia e Economia), com um posicionamento público e inequívoco de que qualquer estudo na universidade deveria ser baseado em uma compreensão de nossa casa Terrena e sua gestão adequada. Ao tomar tal decisão ousada e se tornar a LSEE, outras universidades se conscientizariam de que o ensino de economia é incompleto sem o ensino de ecologia. Como as coisas estão, ao ignorar uma visão de mundo ecológica, as instituições acadêmicas ao redor do mundo continuam parte do problema.

12

Uma economia do amor

O dinheiro é como o amor; ele mata lenta e dolorosamente aquele
que o retém para si mesmo e preenche de vida aquele que o
compartilha com seus companheiros.

KHALIL GIBRAN

Ao redor do mundo, as pessoas estão obcecadas com o dinheiro. E, fora a liderança de um pequeno país – o Butão – todas as nações estão sob o feitiço do crescimento econômico. O paradigma do crescimento ocupou, atualmente, o lugar da religião. É o fator comum que une quase toda humanidade. É o imperador sem rosto que finalmente conquistou todo o mundo. Essa marcha em direção a um crescimento econômico cada vez maior está levando a um conjunto de escolhas que, no fim, invés de ajudar na solução dos problemas prementes de nossos tempos, nos confronta com os maiores desafios já vividos pela humanidade.

Considerem os Estados Unidos da América, que há tempos é uma das nações mais ricas e desenvolvidas do mundo. Ainda assim, nenhum crescimento econômico conseguiu resolver os problemas de pobreza, desigualdade, moradores sem teto e doenças. Mais do que isso, os EUA se tornaram cada vez mais violentos ao longo dos anos. A violência armada e os tiroteios em massa chocaram o mundo repetidamente. O abuso de drogas saiu totalmente do controle. Cada vez mais pessoas são viciadas em opioides na América. Parece não haver fim para a violência, a depravação e a depressão que assolam a mais rica das nações.

Se essa é a situação de uma nação com uma economia tão forte – um exemplo de crescimento econômico, com quantidades abundantes de terra e de recursos naturais –, então qual esperança pode existir para os outros países?

A mais simples verdade é que a busca pelo crescimento econômico não nos trará o fim da pobreza. O crescimento econômico é motivado por números e por processos de maximização de lucros privados de curto prazo e na exploração, ao longo prazo, de pessoas e da Natureza. O crescimento econômico não pode eliminar a pobreza porque, inevitavelmente, uma nova classe de pobres será criada e, então, deixada para trás. Uma jornada suave na estrada asfaltada do crescimento econômico é uma ilusão completa e devemos nos libertar dela se queremos acabar com a destruição de longo prazo da Terra e de sua gente. O crescimento econômico infinito, em um planeta finito, não é alcançável. Deve chegar o momento em que dizemos: basta.

Em seu lugar, devemos buscar um novo paradigma que desloque o foco do crescimento econômico para o crescimento do bem-estar: uma economia do Amor, que pode surgir somente quando as pessoas se reconectam novamente com a Terra, apreciando o relacionamento prazeroso e amoroso que ela pode oferecer. Junto a um movimento de revitalização das artes e da produção artesanal, que garante o sustento para todos, podemos erradicar muitas das questões que hoje afligem as sociedades em escala global. As conveniências modernas de hoje serão somente um complemento. Na sociedade atual, essa cobertura está sendo confundida com o bolo em si, e esse excesso de açúcar só traz desgraças para todos.

Os líderes do futuro serão aqueles que levam a sério essa mensagem da Economia do Amor, fundada na terra, nas artes e na produção artesanal, construindo novas ideias e ocupando lugares de liderança para uma nova era, que é marcada não pelo mero crescimento econômico, mas por um crescimento em sabedoria, realização e felicidade.

Essa é a verdadeira medida de crescimento, redefinida para uma nova geração. Uma Economia do Amor oferece ilimitadas oportunidades para que as pessoas cresçam e floresçam em atividades com significado, ao invés de procurarem empregos sem sentido e coisas sem utilidade.

Oikonamia – a gestão do lar – entendida em seu real significado, pode ser uma força para o bem. A economia da Natureza tem sustentado o planeta por milhões de anos, mas o crescimento econômico moderno, da forma que foi criado pelos humanos, drenou nossa resiliência e nossas forças em apenas alguns séculos.

As nações obcecadas com o crescimento ilimitado estão em uma trajetória perigosa, tentando alcançar o que é impossível. Olhando para os últimos séculos, é evidente que o mero crescimento econômico não irá manter nossos cidadãos bem alimentados, bem vestidos, bem abrigados, bem educados, sem falar de bem-estar e felicidade.

É chegada a hora de rejeitar a noção linear do crescimento econômico, que nos trouxe todos os fardos do consumismo e da poluição, e que só levam à destruição de nosso planeta. O crescimento econômico só foi alcançado a custas da poluição dos oceanos, da queima de nossas florestas tropicais, da erosão de nosso solo, da perda da biodiversidade, da repressão das pessoas a um trabalho barato e com péssimas condições empregatícias. Queremos esse tipo de crescimento econômico? A economia da Natureza celebra um modelo cíclico ou circular, no qual cada coisa suporta todas as outras.

Em contraste à natureza destrutiva de uma economia linear, uma economia circular é um sistema de economias sustentáveis e regenerativas. Precisamos substituir economias baseadas no dinheiro por economias baseadas no amor. A Terra dá tudo para todos os seres vivos como uma dádiva. Assim, a economia da Natureza é uma Economia do Amor. O dinheiro deveria ser sempre um meio de troca e não uma medida de riqueza. A verdadeira riqueza é medida pela saúde da nossa terra, nosso povo e nossa imaginação.

A economia da educação é outro exemplo de uma Economia do Amor. A maioria das pessoas motivadas a ensinar o fazem porque querem servir as crianças enquanto elas aprendem, crescem e amadurecem. Similarmente, a economia da medicina é uma Economia do Amor. Enfermeiros e médicos cuidam dos doentes porque têm um chamado de servir, curar e cuidar daqueles em necessidade. A economia das artes e da produção artesanal também é uma Economia do Amor, na qual os artistas e artesãos amam o que fazem, a música, a dança, a poesia, pintura, cerâmica e marcenaria. Se toda a produção de bens e serviços fossem feitas com amor, existiria mais beleza e criatividade, mais imaginação e prazer, mais felicidade e harmonia.

No paradigma do crescimento econômico, a produção e o consumo se tornam o objetivo da vida. A Natureza se torna um simples recurso para fazer dinheiro e maximizar lucros. As pessoas viram instrumentos para a operacionalização da máquina de dinheiro. Mas na Economia do Amor, produção e consumo são somente meios para um fim. O objetivo final é o bem-estar humano e o bem-estar do planeta. É o imperativo urgente de nosso tempo, passar do crescimento econômico para o crescimento do bem-estar, mudar de uma economia do dinheiro para uma economia do amor.

13

Localismo

Com o toque do amor, todos se tornam poetas.

– PLATÃO

Um tempo de crises é um tempo de oportunidades. No contexto do crescimento do populismo da extrema direita, existe a oportunidade para se repensar o significado de globalização e nacionalismo. Por exemplo, aqueles que foram a favor do Brexit[3] querem retomar o poder para a Grã-Bretanha e reassumir o controle. Similarmente, os republicanos da direita norte-americana querem "colocar a América em primeiro lugar" e "fazer a América grandiosa novamente". Esses são somente *slogans*, claro, e precisamos lembrar que a vida é muito mais do que *slogans*.

Por um lado, aqueles a favor do Brexit querem se afastar da União Europeia; por outro lado, querem cada vez mais globalização. Querem

---

3 A saída do Reino Unido da União Européia (nota da tradutora).

comércio com o mundo, com a Nova Zelândia e Austrália, com a Ásia e África, e com as Américas. Isso requer muita logística de bens e serviços ao redor do mundo. Quanto combustível fóssil será necessário para transportar tudo isso de continente para continente? Qual será o impacto desse comércio global no meio ambiente? Em que nível irá acelerar as mudanças climáticas? E quem irá se beneficiar de todas essas transações globais?

Somente os atores globais, as corporações multinacionais e os grandes negócios podem se beneficiar. Os ricos ficarão mais ricos e os pobres continuarão pobres. A globalização irá aumentar a dependência de mão de obra barata estrangeira, enquanto aumenta o desemprego local, aumenta a poluição do ambiente e desperdiça os recursos naturais. Esse casamento de um nacionalismo estreito com um globalismo motivado pelo comércio irá alimentar a desigualdade, a falta de sustentabilidade e a infelicidade.

Agora é a hora de uma nova visão de localismo, na qual as pessoas de fato retomam o controle de suas vidas, suas economias, suas comunidades e suas culturas, enquanto colocam, ao mesmo tempo, fim ao abuso sem sentido do ambiente.

O amor ao localismo é o empoderamento de economias locais, culturas locais e especificidades locais. Sob a bandeira do localismo, a criatividade das pessoas comuns é honrada por meio das artes e produção artesanal. A economia e o comércio têm um lugar na sociedade, mas devem ficar sob controle, e não dominarem nossas vidas. A vida é sobre muito mais do que comércio e consumismo. É sobre comunidades e culturas, sobre beleza e sustentabilidade, sobre habilidades e vocações. E os seres humanos são mais do que meros consumidores: somos também criadores.

O amor ao localismo encoraja a autossuficiência. As pessoas cultivam e comem alimentos saudáveis e nutritivos, constroem belas casas, criam os itens de uso diário, promovem as artes e a produção artesanal, e usam a ciência e tecnologia de forma sábia. Idealmente, cerca de 60%

dos bens e serviços deveriam ser de origem local, 25% de origem nacional e somente cerca de 15% de origem global. Quando esse reequilíbrio acontecer, então teremos efetivamente retomado o controle de nossas economias.

É importante ressaltar que localismo e internacionalismo são complementares. Precisamos pensar global e agir local. Podemos chamar talvez de "glocalismo", que passa longe da xenofobia, de um complexo de superioridade. O nacionalismo estreito é um produto de mentes pequenas com grandes egos, enquanto o localismo representa grandes mentes com egos pequenos. O glocalismo honra e respeita todas as culturas, todas as nações, todas as raças e todos os credos. Mutualidade e reciprocidade são os mantras do glocalismo. Acreditamos na troca internacional de ideias e artes, música e poesia, dança e teatro, ciência e filosofia.

Mahatma Gandhi falou sobre a descentralização da economia e da política. A descentralização requer localização. E. F. Schumacher falou que o pequeno é belo, e recomendou manter a economia em uma escala humana ao invés de uma escala global. Precisamos revisitar a inteligência desses pensadores e organizar uma economia que seja socialmente justa, ambientalmente sustentável e espiritualmente rica. Essa economia deve estar enraizada na imaginação humana, nas habilidades humanas, na criatividade humana, na autonomia humana, no espírito humano e, acima de tudo, no amor. As economias locais trazem bem-estar pessoal e social para todos, enquanto a economia globalizada é dedicada à maximização de lucros financeiros para o 1% dos mais ricos, às custas da coesão social, integridade ecológica e imaginação humana.

Não é hora de desespero. Não vivemos tempos para os pessimistas. Os pessimistas não podem ser ativistas. Para sermos ativistas, temos que ser otimistas. Precisamos ter a coragem de nossas convicções. Temos que seguir em frente com esperança. Como disse Václav Havel: "A esperança não é a convicção de que algo terminará bem, mas a certeza de que algo faz sentido, independente de como as coisas terminem".

O tempo para a construção de economias locais é agora! Como a poeta americana Clarissa Pinkola Estés nos lembra: "Quando um grandioso navio está no porto amarrado, ele está seguro, não existe dúvida. Mas não é para isso que grandiosos navios são construídos". Ótimos navios são construídos para navegar, enfrentar tempestades e continuar apesar delas. Somos capazes de navegar as tempestades do populismo da extrema direita. Agora é hora dos ambientalistas, dos descentralizadores, dos localistas, dos artistas e dos ativistas. Podemos nos erguer e enfrentar o desafio? Podemos construir um movimento de localismo de base? Um movimento raiz de autossuficiência e uma economia do amor? A Natureza em si mesma é o nosso modelo. A Natureza é autossuficiente e descentralizada. Uma economia da Natureza é uma economia local, livre de desperdício e poluição, de pressa e exploração. Precisamos aprender com a Natureza e desenvolver uma economia do lugar, então também poderemos libertar nossa economia do desperdício e da poluição e unir a justiça ambiental e a justiça social.

14

Cidades

As novas ideias precisam utilizar os prédios antigos.

– JANE JACOBS

Eu visitava um amigo em seu escritório perto da Oxford Street, no centro de Londres, quando, depois de uma xícara de chá, ele me perguntou se eu queria conhecer seu jardim. Fiquei surpreendido pela ideia de um jardim em meio a tantos escritórios, supermercados e lojas de departamento, mas o segui enquanto ele me guiava para uma escada que levava ao telhado. Para meu deleite, chegamos a um maravilhoso jardim – um telhado repleto de ervas, plantas, flores e até mesmo colmeias.

Meu amigo me deu um pote de mel, explicando que havia sido produzido ali mesmo, por ele. "As abelhas polinizam as plantas e nos oferecem um mel doce, delicioso e curativo", ele disse orgulhoso. "Tudo isso no centro de Londres, não é um milagre?" Para mim, foi uma experiência inspiradora, já que nunca havia visto colmeias e jardins vibrantes no topo de um prédio no centro de Londres.

As pessoas pensam que o centro de Londres é uma selva de concreto. Pensam que, para terem jardins desse tipo, precisam deixar o centro da cidade ou, mais ainda, precisam ir para o interior rural para acessar tais luxos. Mas, se juntarmos todos os telhados de Londres – casas, escritórios, escolas, universidades e hospitais – temos milhares de hectares de espaço não utilizado disponível para cultivo. Agora multiplique isso para todas as grandes cidades do mundo. Por que não utilizar todo esse espaço vazio dos telhados para cultivar saladas e pequenos frutos, e criar refúgios para as abelhas?

Meu amigo entende o real significado da palavra *companhia*, que é a junção das palavras latinas *com* – junto – e *pane* – pão. É somente quando dividimos juntos o pão que podemos ser de fato uma companhia. Então, além do jardim no telhado, os escritórios deveriam ter cozinhas onde as pessoas possam aproveitar uma refeição compartilhada a partir de alimentos recém cozidos.

Quando visito um espaço de negócios, sempre pergunto aos meus anfitriões se eles são uma companhia. A resposta é sempre um enfático sim.

– "Claro que somos uma companhia!"
– "Então me mostre sua cozinha", peço com um sorriso.
– "O que você quer dizer? Não somos um restaurante."
– "Mas para ser uma companhia, vocês precisam dividir o pão juntos. Se não têm cozinha e o pão não é assado e compartilhado, como podem ser uma companhia?"

Sempre fico tocado quando minha pequena fala sobre a origem da palavra inspira as pessoas a reagirem positivamente em relação a essa ideia. Eles podem ver como, se compartilhassem as refeições juntos, poderiam ser companheiros. Existiria mais camaradagem e convívio no negócio, e isso os tornaria melhores, mais fortes.

Não existe somente muito espaço vazio nos telhados, implorando para serem utilizados para esverdear as cidades, existem também acres e mais acres de paredes, que poderiam ser transformadas em jardins verticais. Em algumas cidades, os jardineiros com uma mente ecológica já experimentam, com sucesso, o cultivo de ervilhas, feijões, cenouras e flores pelas paredes.

Em cidades ensolaradas ao redor do mundo, as paredes dos arranha-céus estão esperando a transformação em jardins verticais. Além de produzir alimentos e flores, esses jardins trariam mais conforto térmico e criaram ar condicionados naturais contra o calor. E em todas as cidades do norte ou do sul, os jardins verticais e nos telhados trariam importantes benefícios para a redução de dióxido de carbono no ambiente, que o ajudaria na mitigação dos efeitos das mudanças climáticas. Além disso, se de tempos em tempos saímos de nossas mesas e telas para cuidar das rosas e do alecrim, tomilho e tomates, conectando com o solo e desconectando da tecnologia digital, seríamos seres humanos mais sãos e saudáveis.

A jardinagem não é apenas boa para alimentar nossas barrigas, ela também faz bem aos nossos corpos, espíritos e mentes. É terapêutica. Para aqueles que passam longos dias sentados em frente a uma tela, o trabalho ocasional na horta no telhado, revirando o solo e cuidando da compostagem, ofereceria mobilidade e exercício sem o custo de uma inscrição na academia ou a necessidade de correr em uma esteira. Os jardins nos telhados ou verticais são muito mais do que uma novidade e um prazer visual, eles são imperativos de saúde para quem habita as cidades.

As cidades não podem ser vistas como um impedimento para a sustentabilidade. Quase metade da população mundial vive atualmente em cidades. Essas populações não irão, de repente, se mudar para uma vida rural. Então, precisamos transformar as cidades em locais de uma vida sustentável e isso é totalmente possível.

Outro passo na direção de cidades sustentáveis é o uso de energia solar. Os painéis solares podem ser incorporados em meio às hortas em todos os telhados urbanos. Ao invés de utilizar terra arável para implantação de painéis solares, podemos utilizar os telhados dos prédios urbanos onde os painéis podem coexistir com os jardins. Não existe a necessidade de substituir o cultivo de alimento nos campos pela geração de energia solar. Precisamos proteger os campos férteis para a produção de alimentos.

 Da mesma forma que podemos coletar energia solar nos telhados urbanos, podemos também coletar água. Essa água seria muito útil para irrigar os jardins urbanos. As nuvens trazem água gratuita a todos os telhados sem o uso de combustível fóssil. A água da chuva é um presente gracioso e generoso da Natureza. Deveríamos apreciá-la, celebrá-la e coletá-la continuamente. Com as hortas nos telhados, nas paredes, os painéis solares e a armazenagem de água podemos fazer com que as cidades sejam menos dependentes de recursos distantes, minimizando os obstáculos para cidades mais ecológicas.

15

Um *continuum* urbano-rural

*Nunca duvide que um pequeno grupo de pessoas conscientes e engajadas
possa mudar o mundo. De fato, sempre foi assim que o mundo mudou.*

– MARGARET MEAD

Se amamos nossas cidades, precisamos torná-las mais habitáveis e
sustentáveis. Também precisamos mantê-las em uma escala humana. O
tamanho ideal de uma cidade deveria ser de, no máximo, 2 milhões de
pessoas. Um cidadão de qualquer cidade deveria ser capaz de andar até
um restaurante, uma biblioteca, um teatro, uma loja. As cidades em escala humana deveriam estar cercadas de uma área rural vibrante, repleta
de fazendas, pomares e vilas. Para um futuro sustentável e regenerativo,
precisamos de um equilíbrio saudável urbano-rural.

No contexto da cultura consumista de Hong Kong, a ideia de conservação pode parecer como uma contradição. A ilha de Hong Kong,
apesar de ser um importante centro financeiro global e lar de várias
multinacionais, é também uma de mais de duzentas ilhas que compõem

a região de Hong Kong. Somente 25% da área formal de Hong Kong é construída e é aí que vivem oito milhões de pessoas, enquanto que o 75% restante da terra é ocupada por colinas, florestas, campos e fazendas. Dos quatrocentos quilômetros quadrados de território, trezentos precisam de conservação, cuidado, cultivo e proteção do interminável apetite da indústria e das incorporadoras.

Esses, denominados desenvolvedores, vêm uma área intocada de pradarias e campos como áreas à espera de desenvolvimento, mas Hong Kong, como qualquer grande centro, tem uma quantidade de "guerreiros" ambientais, lutando para a proteger – e me alegro em considerar alguns deles meus amigos pessoais. Eles são os defensores daquilo que é considerado não-desenvolvido, e estão criando exemplos maravilhosos que ressaltam como existe uma outra economia além da economia dos bancos, negócios e construtoras. É a economia da Natureza, que nos lembra que os recursos naturais não são somente meios para o lucro, mas que, na verdade, a Natureza é a fonte geradora de toda vida.

Quarenta por cento da área administrativa de Hong Kong é designada como Parques Naturais e Reservas Naturais. Muitas pessoas não sabem desse fato. Mesmo que grande parte da floresta tropical primária tenha sido desmatada por desenvolvedores após a Segunda Guerra Mundial, quando um tsunami de mania de construção consumiu a região, ainda existem florestas tropicais secundárias que precisam de proteção e cuidado.

Um dos precursores desse movimento de conservação é a Fazenda e Jardim Botânico Kadoorie, liderada pelo meu amigo Andrew McAulay e sua equipe de duzentos colaboradores, que trabalham diligentemente e com dedicação para manter os ideais de simplicidade, sustentabilidade e espiritualidade. Juntos, eles manejam trezentos e cinquenta acres de permacultura e silvicultura. Além disso, eles têm um programa educativo para escolas locais e recebem visitantes do mundo todo. A Fazenda Kadoorie foi estabelecida pelo tio de Andrew, nos anos 1950, com a intenção de oferecer oportunidades para os pequenos produtores mais empobrecidos.

Andrew é mais que um conservacionista; ele é um poeta e filósofo. Ele escolheu uma vida a serviço das pessoas e do planeta. Por meio de seu trabalho promovendo, protegendo e aumentando a biodiversidade, a consciência ambiental e a produção de alimentos, Andrew demonstrou que, mesmo em um centro econômico como Hong Kong, as pessoas podem estabelecer um bom exemplo de cuidado da Natureza e proteção do futuro.

"A sustentabilidade não é completa sem espiritualidade", diz Andrew. "Somos conservacionistas não por causa do medo, mas por causa do amor; amamos a Natureza, amamos os animais, plantas, pássaros e insetos. Na verdade, amamos toda a vida. Queremos que as pessoas visitem a Fazenda Kadoorie e vejam o que estamos fazendo para vivenciarem a Natureza e conhecerem a beleza, generosidade e abundância da vida. Quando elas veem, cheiram, provam e tocam as vibrantes qualidades da vida natural, elas encontram algo mágico, misterioso e vital."

A fazenda se tornou um exemplo brilhante de agroecologia, permacultura, cultivo natural e agricultura orgânica. O processo de produção de alimentos ocorre como parte integrada à conservação da flora e fauna.

"Todos nós precisamos de comida. Não podemos viver sem ela, mas os fazendeiros e produtores rurais são menosprezados. Recebem pouco respeito. O trabalho da Fazenda Kadoorie é, em parte, restaurar a dignidade dos produtores," disse Andrew.

E ele está certo. Os valores e prioridades do mundo moderno estão tão distorcidos que não é surpreendente que a vida de nosso planeta esteja tão precária.

A Fazenda Kadoorie não é só um centro agricultor, mas também um centro educativo, onde tive o prazer de oferecer um curso chamado "Reconectando com nossas raízes: espírito, cultura e natureza". Os cursos acontecem no Green Hub, uma antiga estação de polícia restaurada em 1899 na cidade de Tai Po. A Fazenda Kadoorie, em parceria com o governo de Hong Kong, conduziu restaurações ecológicas deste importante local histórico para demonstrar uma visão de habitação sustentável e, ao mesmo tempo, respeitar e proteger o meio ambiente.

Situado em uma colina e cercado de florestas ancestrais, o Green Hub é um oásis de paz, tranquilidade e serenidade. As pessoas de toda Hong Kong vêm para ver essa antiga estação de polícia restaurada de forma tão imaginativa e agradável, e aproveitar a comida nutritiva, orgânica e deliciosa da Cantina Eat Well. Os princípios orientadores dessa cantina são para encorajar as pessoas a utilizarem produtos saudáveis, sazonais e locais, e eliminar o desperdício, além de diminuir o consumo de carnes. Esses princípios podem parecer óbvios para muitos hoje em dia, mas no contexto da cultura alimentar vigente em Hong Kong, eles representam um conceito revolucionário.

A Cantina Eat Well não está sozinha em seu propósito. No centro da Ilha de Hong Kong existe um outro restaurante que mantém os mesmos ideais. É um restaurante vegetariano chamado MANA!, criado por Bobsy Gaia, que é pioneiro no mercado *fast-casual* vegetariano em Hong Kong desde 2012. Apesar de seu constante comprometimento e determinação, Bobsy admite que conduzir um negócio ecológico em Hong Kong não é uma tarefa fácil.

"As pessoas em Hong Kong são ocupadas", disse Bobsy. "Quero oferecer a elas comida *slow-food* com conveniência. Quero provar que podemos ter uma comida de alta qualidade com ingredientes frescos e zero lixo; agora compostamos os resíduos orgânicos. De fato, são duas toneladas por mês. Esses restos vão para fazendas orgânicas e se tornam nutrição para o solo. O desperdício alimentar é um crime contra a Natureza! Nosso lema é 'Coma como se isso importasse'."

Ouvindo Bobsy durante uma refeição que compartilhamos em seu maravilhoso restaurante, refleti na ironia do mundo moderno no qual as pessoas famintas esperam em filas por alimento, enquanto 40% dos alimentos são desperdiçados em nossos lares, restaurantes e supermercados nos países chamados de desenvolvidos, que continuam escandalosamente ineficientes quando o assunto é alimentação.

"As palavras Hong Kong significam 'porto fragrante' ", explica Bobsy. "Um tempo atrás, as pessoas exportavam madeira, como o sândalo, que dava um aroma doce para o porto de Hong Kong. Foi assim que a ilha ganhou esse nome. Apesar dessa fragrante madeira não ser mais exportada, o aroma de nossa comida com o cheiro doce de nossa flora ainda está aqui, e precisam ser protegidos".

As atividades de Andrew e Bobsy são dois belos exemplos de trabalhos enraizados no amor à Natureza, amor às pessoas, e amor à Terra. Para eles, o amor é uma parte integral de uma consciência planetária. Cada um, à sua própria maneira, tanto a Fazenda Kadoorie quando o MANA! nos lembram de uma harmonia entre o mundo urbano e o rural que não é somente possível, mas essencial. Além disso, nos oferecem inspiração e exemplo.

16

Butão

*O propósito de nossa vida é ser feliz, e as fontes da felicidade
são o contentamento, a compaixão e o amor.*

– SUA SANTIDADE 14º DALAI LAMA

Em 1972, quando Jigme Singue Wangchuck, quarto rei do Butão, foi entrevistado durante uma visita a Nova Iorque e questionado sobre o PIB de seu país, ele disse ao jornalista que não sabia e que, para ele, a FIB – Felicidade Interna Bruta – era mais importante.

Essa resposta espontânea e inspirada cativou a imaginação do mundo e fez manchetes. Desde então, ativistas sociais, ambientalistas e economistas de todo o mundo têm discutido sobre FIB. Diversos governos estão, inclusive, começando a medir a felicidade e bem-estar além do PIB. Em 2011, a Assembléia Geral da ONU aprovou uma resolução colocando a FIB como uma parte integral dos indicadores de desenvolvimento. As pessoas estão despertando para uma nova visão, que transfere o foco do crescimento econômico para o crescimento do bem-estar e da felicidade.

Em 2014, o Schumacher College e o GNH Centre (Centro FIB, em português) do Butão lançaram um programa de um ano de duração sobre Adequadas Formas de Vida, explorando os princípios, a economia e as aplicações práticas da FIB. O curso aconteceu parcialmente no Reino Unido e parcialmente no Butão. Fui convidado a ensinar nesse curso. Minha esposa, June, e eu viajamos para o Butão em março de 2015, de Delhi para Paro, passando por Katmandu. Foi de tirar o fôlego sobrevoar as montanhas do Himalaia e ver picos e picos cobertos pela vida selvagem e neve.

Paro é o único aeroporto internacional do Butão, e, diferente de outros aeroportos, tem arquitetura única e tradicional do Butão. Nos encontramos com nossa amiga e alumni do College, Gabby Franco, que estava há um ano e meio como voluntária do GNH Centre. Depois de uma hora de carro, chegamos à capital do Butão, Thimphu, e chegamos ao hotel, que também tinha uma arquitetura tradicional butanesa.

Repetidamente, nos impressionamos com as casas, hotéis, lojas e prédios de escritórios que tinham todos estilos característicos, decorados à maneira local. Não importa onde fôssemos, carregávamos uma sensação de termos chegado – um senso de lugar.

Na maioria das cidades modernas esse não é o caso. Escritórios arranha-céus ou blocos habitacionais monótonos são vistos em qualquer canto do mundo. Seja em Nova Deli ou Nova Iorque, nos encontramos na mesma selva de concreto desses arranha-céus. Assim, estar cercado de uma arquitetura simples, de bom gosto e colorida, característica do Butão, foi um sopro de ar fresco.

O ex-primeiro-ministro do Butão, Jigme Thinley, é um especialista da FIB. Durante minha estadia, ele ofereceu um almoço em sua residência para discutir o modelo de desenvolvimento da FIB. Em uma colina, com vista para o Vale Thimphu, sua bela casa era pequena e simples. Ele era um anfitrião gracioso, humilde e hospitaleiro. Além de minha esposa e de mim, o ex-ministro de educação, Thakur Powdyel, e o fundador do Centro para Felicidade Interna Bruta, Saamdu Chetri, também estavam presentes. Ao sentarmos juntos, saboreando uma deliciosa refeição vegetariana, me relembrei do poder desse tipo de encontro, de simplesmente estarmos na companhia uns dos outros, para fazer o bem no mundo.

De acordo com Jigme Thinley, os quatro princípios básicos da FIB no Butão são:

1 – Qualquer desenvolvimento deve estar baseado nos ideais de sustentabilidade ambiental e igualdade econômica.

2 – A conservação da biodiversidade e dos habitats naturais deve estar no centro de todas as atividades humanas.

3 – Em nome do progresso e da modernidade, o país não deve destruir sua cultura butanesa tradicional e seus valores budistas.

4 – Uma governança boa e pura deve estar no coração da política.

Essas são maravilhosas aspirações, obviamente, mas Jigme Thinley falou sobre ser um país pequeno, situado entre dois gigantes obcecados com o crescimento econômico: A China, ao norte, e Índia, ao sul. "Para sermos felizes, precisamos ser amigos de ambos", ele disse, reconhecendo a pressão enorme sobre o Butão para abraçar a modernidade e o materialismo. Além disso, com a popularização da internet e do marketing, os jovens butaneses querem se modernizar. Não querem estar privados do acesso à televisão e à cultura digital. Esse pequeno país enfrenta um dilema: como preservar sua cultura antiga e existir no século vinte e um ao mesmo tempo? Essa era uma pergunta central explorada e tratada ao longo do curso sobre Formas de Vida Adequadas. "Precisamos lembrar e ouvir os ensinamentos do Buda e do Dalai Lama", disse Thinley.

"Esses ensinamentos nos dizem que é mais importante ser feliz do que bem sucedido".

Ao longo de nossa refeição e do curso, a conversa chegava, invariavelmente, ao dinheiro e à diferença entre emprego e sustento. Fazemos uma tarefa em nossos empregos porque recebemos para isso. Estamos sob as ordens de nosso empregador. Devemos seguir as regras da corporação ou empresa e são poucas oportunidades para usar nossa própria iniciativa, imaginação e criatividade. Nesse ponto, um empregado é, principalmente, uma engrenagem na máquina da burocracia.

O sustento (ou subsistência), entretanto, é uma confluência da profissão com a vocação. Com a forma de vida adequada, amamos o que fazemos e fazemos o que amamos. Nossa forma de vida adequada emerge de um chamado interno. A troca financeira é somente um meio para um fim. No sustento, o trabalho em si tem valor intrínseco. Existe um senso de contentamento, realização, e satisfação com o trabalho. O sustento é enraizado na imaginação, na criatividade, na improvisação e no sentido. Qualquer que seja a ocupação escolhida, seja um cozinheiro ou jardineiro, ceramista ou pintor, designer ou dançarino, a pessoa deve ser, primeiramente, uma criadora, uma poeta. A palavra *poesia* vem de *poesis,* um termo grego para "fazer". Como em autopoiese, a autocriação. Tudo que produzimos, compomos ou criamos com nossa própria imaginação e iniciativa é poesia. E todo trabalho deveria ser poesia.

Depois do almoço, Jigme Thinley nos levou para conhecer sua horta resplandecente, repleta de flores, árvores frutíferas, ervas e vegetais. Fiquei muito satisfeito de ver um político que tinha tanto orgulho de sua horta e eu lhe contei isso. Ele me disse: "Na política uso minha mente, mas aqui na horta posso nutrir meu coração, usar minhas mãos e me manter saudável!"

Em 1973, E. F. Schumacher escreveu um artigo intitulado "Economia Budista". Foi a primeira vez que um economista ocidental escolheu juntar essas duas palavras – *budista* e *economia*. Quando perguntado o que o budismo tinha a ver com a economia, Schumacher respondeu: "A economia sem o budismo ou valores éticos é como flores sem aroma ou palavras sem significados. As formas de vida adequadas colocam a ética e o trabalho juntos". Em outras palavras, a FIB promove o sustento, mais que o emprego.

É somente através de uma forma de vida adequada que podemos encontrar contentamento, compaixão e amor como fontes verdadeiras da felicidade.

Por meio da combinação de uma liderança inspirada, valores budistas e os objetivos da FIB, o Butão está tentando escolher uma forma de vida em vez de uma economia do emprego.

O Dalai Lama diz que uma pessoa não precisa ser budista para praticar a compaixão e o amor, você só precisa ser compassivo e amoroso. De qualquer forma, o budismo não é uma religião: é uma forma de vida, de praticar compaixão e amor para encontrar a felicidade. A verdadeira felicidade não é alcançada por meio do poder político ou de um cargo, ou por meio de dinheiro e posses materiais. A verdadeira felicidade vem do amor.

O Butão é um dos menores países do mundo, aninhado no meio do Alto Himalaia, onde pode parecer fácil escapar de vários traumas dos nossos tempos. A verdade é, entretanto, que ser uma nação tão ecológica e espiritual no mundo moderno nunca foi tão desafiador. Ainda assim, precisamos nos lembrar que o mundo industrial moderno foi criado por humanos, e dessa forma, pode ser gerido e transformado por humanos.

17

Civilização ecológica

Ser profundamente amado por alguém nos dá força, enquanto amar
alguém profundamente nos dá coragem.

– LAO TZU

A história recente da China é uma história de grande mudança. A Revolução Comunista, a Revolução Cultural, a Revolução Industrial e a Revolução Consumista chegaram à China em grande velocidade. Nos anos mais recentes, a China vivenciou crescimento e desenvolvimento sem precedentes, resultando em graves problemas de poluição do ar, água e solo. Uma industrialização tão rápida também levou à migração em massa do ambiente rural para os recém-construídos centros urbanos.

Em resposta à devastação e degradação do precioso ambiente natural chinês, amado por milênios, muitos cidadãos começaram a procurar soluções de longo prazo. A religião, cultura, arte, poesia e estilos de vida chineses têm raízes antigas na ideia de uma vida em harmonia com a natureza. E, ainda assim, nem mesmo essa história antiga e profundamente

– 101 –

apreciada foi páreo para as crises psicológicas e ambientais do rápido desenvolvimento. Mas, a partir dessas crises, uma oportunidade se apresentou para os chineses reavaliarem sua forma de agir. Em 2007, um novo sonho e promessa de uma civilização ecológica surgiu no horizonte. A ideia foi cristalizada na constituição do partido comunista e, como um primeiro passo, a Associação da Civilização Ecológica foi fundada em Pequim, com várias filiais em regiões e províncias ao redor da China. Logo, em cada departamento do governo foi estabelecida uma unidade especial para promover a visão e prática de uma civilização ecológica.

O sentimento predominante era de que a atual geração no comando da China estava eternamente em busca do crescimento econômico. Suas mentes e comportamentos estavam tão condicionados – e comprometidos – com o paradigma da civilização industrial que a única esperança para uma civilização ecológica era preparar a próxima geração, antes de sua indução no mesmo paradigma.

A geração mais nova precisava ser educada em um novo paradigma de conservação, sustentabilidade e ecologia. Assim, o Ministério da Educação da China instituiu muitos programas e cursos para apresentar os ideais e métodos de uma civilização ecológica em várias universidades.

Eu queria saber se esse impulso para uma civilização ecológica era um compromisso genuíno com valores ecológicos no dia a dia ou somente uma coleção de *slogans* e banalidades. Eu não tinha dúvidas de que havia um interesse na conservação em um nível intelectual e acadêmico, mas estava curioso para ver evidências dessa aplicação prática dez anos depois da criação da Associação da Civilização Ecológica.

Tive minha chance em 2018, quando fui convidado para ser visitante na Universidade de Agricultura e Manejo Florestal na cidade de Fuzhou. A pergunta no coração de nossas pesquisas era: Como podemos reconciliar uma civilização ecológica com a prosperidade econômica? Ao contemplar os desafios inerentes desse problema universal, comecei a considerar a tríade de Solo, Alma e Sociedade no contexto da cultura chinesa.

As três figuras culturais mais influentes na história da China são Lao Tzu, Buda e Confúcio. Juntos, eles formam a base de uma civilização ecológica. Podemos formular seus ensinamentos na perspectiva de Solo, Alma e Sociedade, respectivamente. Lao Tzu era um filósofo natural, nos dizendo que "as pessoas são regidas pela Terra e a Terra é um vaso sagrado". Ele também disse, "A Natureza nunca comete um erro estético e é sua perfeição que nos permite descansar maravilhados". Sua sabedoria é enraizada na Natureza e eu o vejo representando a voz do Solo.

O Buda representa nossa unidade absoluta e indiscutível com o espírito, que eu chamo de Alma. A partir de uma perspectiva budista, a ecologia não é simplesmente uma questão externa de organização, mas deveria ser erigida sobre a fundação do amor e da compaixão. O Buda disse: "Irradie amor sem limites a todo o mundo; acima, abaixo e ao redor, sem freios, sem má vontade, e sem inimizade. Ame sem medida; ame incondicionalmente e absolutamente".

Confúcio nos chama a assumir total responsabilidade por nós mesmos e a viver em perfeita harmonia com os outros seres humanos. Ele representa a Sociedade. O bem-estar humano em larga escala – Sociedade –, junto com o bem-estar do planeta – Solo – e do espírito individual – Alma –, constituem a integralidade de uma civilização ecológica.

O ideal de uma civilização ecológica está muito alinhado com o Movimento da Nova Reconstrução Rural iniciado pelo Professor Wen Tiejun. Esse movimento é ativo na reconexão da economia chinesa com a ecologia por meio do uso apropriado da terra, agroecologia, sabedoria rural e alimentos artesanais. Em nossas conversas, o Professor Wen nos lembrou o ditado do Presidente Xi Jinping: "A China deve manter o relacionamento correto entre seu povo e a Natureza. Essa verdade autoevidente é muitas vezes menosprezada, porque nas últimas décadas nosso país esteve sob a pressão do crescimento econômico a qualquer custo."

Eu perguntei ao Professor Wen se não havia uma contradição entre as falas do Presidente Xi Jinping e a busca chinesa por crescimento econômico contínuo.

"Sim, existe uma aparente contradição", Professor Wen respondeu, "mas as coisas não mudam da noite para o dia. Além disso, nem todos no governo chinês estão em acordo total com os ideais de uma civilização ecológica. A China enfrentava grande pobreza, então a primeira tarefa do governo era tirar milhões de pessoas da pobreza. Isso foi alcançado. Agora, podemos começar a mudar de direção. O presidente é um filósofo tanto quanto um político. Ele já disse: 'Existe somente uma Terra em todo o universo e a humanidade tem somente uma casa. Nossas montanhas verdes e nossos rios límpidos são tão bons, se não melhores, do que montanhas de ouros e rios de prata.' Nós, na China, queremos um relacionamento simbiótico entre ecologia e economia. O objetivo de nossa civilização ecológica é melhor do que o objetivo de desenvolvimento sustentável. Ele já existe há cinco mil anos. Precisamos garantir que perdure pelo menos mais cinco mil."

Eu também tive o prazer de conhecer o Sr. Wang, um porta-voz e líder da Associação de Pesquisa e Promoção da Civilização Ecológica Chinesa, em Pequim. "Nosso objetivo final é manter a China bela", disse Wang. "O Presidente Xi também disse isso em público. Ele disse: 'Qualquer dano que façamos a Natureza irá eventualmente retornar para nos assombrar. Assim, a China deve liderar o caminho no esforço global para lidar com o desafio do aquecimento global e colocar a ecologia na direção do trem da economia.' Seria uma total tolice assumir que o ar puro, a água limpa, o solo imaculado e o céu azul estão garantidos. Se poluímos o ar, infectamos a água, envenenamos o solo e enchemos o planeta com gases de efeito estufa, estamos nos comportando como tolos que cortam o galho no qual estão sentados. Nosso ideal é que todas as nações devam se unir e abraçar o conceito de uma civilização ecológica".

Fiquei tocado com suas palavras, mas me senti instigado a dizer que para manter ar, água e solos limpos é preciso mais do que uma decisão de política pública. "Precisamos amar o ar, a água e o solo", eu disse. "Protegemos aquilo que amamos! Esses recursos são mais do que ter uma utilidade; eles são a vida em si. Amor à vida é a forma mais elevada de amor e somente uma civilização construída a partir do amor pode ser duradoura".

Podemos achar defeitos e falhas em qualquer país, mas também podemos procurar sinais de brotos verdes. A ideia de uma civilização ecológica é um brotinho verde admirável na terra da China que serve como uma fonte global de inspiração.

18

Paz

Estamos adormecidos até que nos apaixonamos.

– LEON TOLSTÓI

Paz e Guerra, de Leon Tolstói, é uma história de amor e traição, alegria e pesar, extravagância e privação. Mas acima de tudo, é uma articulação inequívoca da futilidade da guerra e da importância vital do amor como um pré-requisito para a paz.

Depois de vivenciar a carnificina desesperadora do campo de batalha, o Príncipe Andrei diz para Pierre Bezukhov: "A guerra é a coisa mais vil no mundo. Homens se reúnem para matar uns aos outros; eles exterminam e mutilam milhares e então enviam preces de gratidão por o terem feito. Como Deus pode olhar para nós e ouvir o que dizem?"

Como, de fato? Se ao menos os presidentes e primeiros-ministros do mundo fossem obrigados a meditar nessa questão antes de assumir um cargo público! Para aceitar a mais pura das verdades – que a guerra é o inferno e todas as guerras terminam em desastre absoluto –, precisamos renunciar à guerra como um meio de resolver os problemas políticos mundiais. Essa é a sabedoria transmitida por Tolstói; é seu presente para nós em *Guerra e Paz*.

Obviamente cada lado da guerra clama que possui os mais altos ideais. Eles dizem que lutam por suas religiões, ou pela democracia, ou segurança nacional, ou para eliminar a ameaça de terrorismo. Mas a religião, a democracia e a segurança são as principais vítimas da guerra. E os cidadãos comuns – homens, mulheres e crianças – são aterrorizados enquanto suas casas, escolas, lojas, hospitais, mesquitas e igrejas são destruídas. Por causa das guerras, muitos países vivenciam uma onda de refugiados. Milhões de pessoas são destituídas, obrigadas a abandonar sua terra natal e buscar abrigo em outro lugar, tudo pelo ego e orgulho daqueles que promovem as guerras, no que se reduz a um auto interesse estreito, ambição geopolítica e obsessão com poder. Ainda assim, parece que poucos governos querem receber os refugiados em seus países. Oferecer comida, emprego, acomodação, educação e medicina – sem falar de um senso de comunidade – para milhões de pessoas em um curto espaço de tempo não é uma tarefa fácil ou invejada.

As guerras criam os refugiados. Se os governos não querem ter refugiados, então não deveriam entrar em guerra. Quem quer que vá à guerra precisa estar preparado para receber quantos refugiados forem necessários. Causar guerra e depois impedir a entrada de refugiados é um abandono do dever. O mesmo é verdadeiro quando se trata de uma guerra civil. Países não envolvidos no conflito ainda tem uma responsabilidade humanitária internacional de apoiar, sustentar e aceitar pessoas que estão fugindo de seus países por conta de uma guerra. E se as ações militares de uma nação levam à fuga de civis, então ela tem ainda maior obrigação de receber refugiados e os apoiar até o fim do conflito, ou quando eles puderem retornar às suas casas em segurança. As nações envolvidas em tais guerras também têm obrigação de reconstruir casas, hospitais, escolas, lojas e cidades que tenham sido destruídas para que os refugiados tenham um lar para o qual retornar.

Os políticos precisam se perguntar o porquê de escolherem uma guerra, sendo que não existem problemas que não possam, em última instância, serem resolvidos pela diplomacia, negociação, acordos, generosidade e compreensão mútua. Toda a humanidade compartilha um interesse comum em viver em paz e harmonia juntos, apesar de diferenças e diversidades. Assim, as feridas de todas as disputas, desacordos e divisões podem e devem ser curadas ao nos elevarmos acima do auto interesse e abraçarmos o interesse comum da humanidade. Como disse Mahatma Gandhi: "Não existe caminho para a paz. A paz é o caminho".

O caminho para a paz é pavimentado nos princípios do amor e da não-violência. Mas os governos precisam reconhecer a falsidade de clamar que "nossa violência é boa e justificada" e "a violência deles é má e injustificada". A não-violência e o amor são princípios universais. Precisamos estar preparados para minimizar toda forma de violência e descartar a violência de larga escala e institucionalizada. Os políticos, assim como os médicos, precisam fazer o juramento de Hipócrates, "Não fazer nenhum mal" e seguir uma regra de ouro: devemos tratar os outros como gostaríamos de ser tratados.

A violência gera violência. E o amor gera amor. Se desejamos estabelecer paz, democracia e liberdade, então elas devem ser alcançadas somente por meios não-violentos. Fins nobres devem ser buscados por meios nobres. Não importa quanto tempo demore, devemos ter paciência suficiente para resistir às respostas violentas, seja ao enfrentar violência doméstica, guerras sociais, guerras civis ou internacionais. Todas as guerras são uma falha da engenhosidade, das capacidades de negociação, da diplomacia e da imaginação humanas.

Na guerra moderna, é impossível evitar causalidades civis e danos colaterais a escolas, lojas, hospitais e lares. Quando as guerras transformam cidadãos em refugiados, os forçando a abandonar seus lares e seus países, então são todas ostensivamente ilegais. Como dita a Convenção de Genebra, com poderes legais, "civis não combatentes não devem sofrer morte e destruição".

Martin Luther King Jr. disse: "Olho por olho faz com que todo o mundo fique cego". Não podemos extinguir um fogo adicionando a ele mais combustível. Jesus disse isso, Buda disse isso, Maomé disse isso. O Papa Francisco também diz o mesmo, bem como o Dalai Lama. Por que políticos e líderes militares continuam a ignorar essa sabedoria prática que vem de uma longa linha de seres humanos iluminados? Já vimos o enorme sofrimento de civis e dos militares durante pequenas e grandes guerras. Temos evidências de que as guerras não funcionam. Matamos um ditador para que outro apareça e tome seu lugar com ainda mais veemência. Mata-se um terrorista, mas outros dez são radicalizados. A história da humanidade está repleta de guerras falidas e conflitos fúteis. Chegou a hora de percebermos que as guerras são barbáries e incivilizadas. Além disso, são contraprodutivas. Deixem que o Conselho de Segurança e a Assembleia Geral da ONU aprovem resoluções para abolir as guerras e estabelecer um conselho mundial forte, de negociadores, para resolver conflitos onde e quando eles surjam.

Vamos ensinar a cada criança, em cada lar e em cada escola, sobre cultivar amor e paz por todos em seus corações. Se não nutrimos as sementes da violência nos corações dos seres humanos, elas irão secar e morrer. Vamos, ao contrário, nutrir as sementes do amor, da paz e da não-violência em cada jovem coração humano.

Minha própria experiência é que as pessoas ordinárias em todo o mundo são gentis, amorosas, pacíficas e generosas. Por mais de dois anos, no auge da Guerra Fria, caminhei ao redor do mundo pela paz, totalmente sem dinheiro e sem armas. Durante minha jornada de oito mil milhas, não encontrei nenhuma evidência de que o ódio é inato ao coração humano. De fato, com frequência me vi surpreendido pelo imenso amor e generosidade dos "estranhos" que encontrei pelo caminho.

19

Protestar, proteger e construir

Não sabemos o suficiente para sermos pessimistas.

– HAZEL HENDERSON

Milhões de pessoas em todo o mundo estão engajadas em ações para a mudança positiva. Por falta de um nome melhor, chamo essa coleção de ações de um movimento ambiental holístico. "Holístico" para indicar que é um movimento global, comprometido ao aumentar e garantir a integridade do ambiente natural, e ambiente social e o ambiente espiritual.

Se o ecossistema não está em bom estado, não pode existir bem-estar social, e também não é possível ter pessoas saudáveis em um planeta doente. Similarmente, sem justiça social não pode haver justiça ambiental, porque se um grande número de pessoas está oprimido e lutando por sua sobrevivência, eles não terão a capacidade, energia ou oportunidade para cuidarem do bem-estar planetário. E sem valores espirituais, como o amor às pessoas e ao planeta, como base para essa visão de mundo, a sustentabilidade ambiental e a solidariedade social continuarão superficial, sem penetrar além da pele.

Aqueles comprometidos com o movimento ambiental holístico devem agir em três níveis, simultaneamente: nós Protestamos, nós Protegemos e nós Construímos.

Protestar

Primeiro, protestamos. Nos levantamos contra uma ordem injusta e contra as forças que destroem nossa rede ecológica frágil e os sistemas sociais.

Todos os grandes movimentos do passado e do presente utilizaram o protesto para ressaltar a exploração insustentável do mundo natural ou a subjugação injusta dos mais vulneráveis. Essa subjugação ainda é praticada atualmente, sob o manto das classes, castas, raças, religiões ou mobilidade econômica, e assim adiante. As ações do grupo Extinction Rebellion e as greves escolares de Greta Thunberg e de milhares de outros jovens ao redor do mundo são dois exemplos recentes de eco-ativismo que utilizam o protesto como caminho. Similarmente, demonstrações globais organizadas pelo movimento Vidas Negras Importam (Black Lives Matter) são exemplos de protesto enquanto ativismo social.

Os movimentos de protesto, para que incluam todos os cidadãos comuns, devem ser realizados de forma não violenta e pacífica. A história nos mostra que por meio do ativismo não-violento e da resistência passiva grandes mudanças foram (e podem ser) alcançadas. Os movimentos liderados por Mahatma Gandhi para a independência da Índia e por Martin Luther King Jr. pela harmonia racial nos Estados Unidos são dois belos exemplos de resistência não-violenta, que utilizaram os métodos do protesto contra ordens sociais injustas.

Proteger

Protestar, isoladamente, não é suficiente. Também precisamos proteger as culturas e sistemas existentes que são bons, descentralizados, regenerativos e sustentáveis, como as culturas indígenas, as economias locais e as fazendas orgânicas de escala humana. Precisamos proteger a biodiversidade e a diversidade cultural. Precisamos proteger a beleza e integridade da Natureza.

Em nome do progresso e do desenvolvimento, tradições e práticas sociais já testadas e aprovadas estão sendo constantemente destruídas. As comunidades indígenas são tratadas como se fossem atrasadas, selvagens, e forçadas a adotarem as práticas da "civilização". Nessa urbanização acelerada, muitas vilas e comunidades rurais vibrantes estão sendo devastadas. No processo de rápida industrialização e mecanização, as artes, produção artesanal e pequenas indústrias locais estão sendo eliminadas. Os pequenos agricultores, que ainda são responsáveis hoje por cerca de 60 a 70 por cento dos alimentos produzidos para consumo humano, são cada vez mais marginalizados e sua subsistência é ameaçada. Em busca de uma rápida globalização, as economias locais perderam poder e independência. Claro que precisamos protestar contra essas tendências e contra uma produção intensiva em energia, contra o consumo desenfreado, as emissões de carbono sem limites e tudo mais que está causando o aquecimento global. Mas vamos além do protesto: trabalhamos para garantir que essas comunidades íntegras e essas culturas antigas sejam respeitadas, celebradas e protegidas.

Construir

Esse esforço para proteger as culturas duráveis já existentes não é totalmente suficiente. Precisamos desenvolver economias locais descentralizadas, negócios sustentáveis de pequena escala e projetos de agricultura regenerativa, como a agroecologia e a permacultura. Também precisamos construir novas instituições educacionais e programas de aprendizado para ensinar aos jovens e aos mais velhos como viver bem sem danificar a integridade de nossa preciosa Terra e sem diminuir o bem-estar de toda vida humana e mais-que-humana. Precisamos construir sistemas de energia de propriedade comunitária e renováveis, baseados no vento, água e sol. Ao fazer isso, estamos desenvolvendo novas e resilientes comunidades com pessoas que estão comprometidas com uma forma de vida baseada na solidariedade, na cooperação e no apoio mútuo. Exemplos bem sucedidos vão inspirar e persuadir aqueles que ainda duvidam a engajarem-se em atividades construtivas, aumentando esse movimento e levando a uma cultura ainda mais resiliente e regenerativa.

Protestamos, protegemos e construímos, tudo com amor!

Essa trindade de Protesto, Proteção e Construção não é limitada à transformação externa apenas. Para complementar essa transformação externa, precisamos de uma transformação interna que nutra nosso ambiente espiritual. Para protestar com sucesso contra o consumismo, a ganância e o desejo ilimitado por poder e dinheiro precisamos abraçar valores não-materialistas. E para proteger a coesão comunitária e a harmonia social, precisamos cultivar o altruísmo e ir além da busca egoística por fama, reconhecimento, *status* e poder.

Ao se comprometer com um movimento holístico ambiental no qual Protestamos, Protegemos e Construímos, é inevitável que a pessoa sinta uma evolução simultânea e igualmente essencial do espírito em si. Essa transformação interna significa uma mudança do coração, uma mudança de atitude, uma mudança de valores e de filosofia de vida – uma mudança de visão de mundo e, ao fim, uma mudança de consciência. A transformação externa anda de mãos dadas com a transformação interna. São os dois lados de uma mesma moeda!

Nossas ações precisam estar fundamentadas em um profundo reconhecimento da unidade e dignidade da vida, em uma profunda convicção de que toda vida é sagrada. Ao abraçar esse senso do sagrado, cultivamos compaixão e amor por toda a vida. Cultivamos frugalidade, simplicidade, moderação e autocontrole. Nos tornamos a personificação da mudança enquanto exigimos que os sistemas externos mudem. A transformação pessoal e a transformação política entram em um processo de suporte mútuo, como andar com duas pernas.

O movimento ambiental holístico (HEM, em inglês) vai além da armadilha dualística entre capitalismo e socialismo, ambos antropocêntricos, enquanto o HEM é biocêntrico. O capitalismo coloca o capital financeiro e o lucro no centro de todas as atividades humanas. No capitalismo, as pessoas são somente instrumentos para o lucro e a Natureza se transforma em um recurso para a economia. No socialismo, como a palavra sugere, o interesse social está acima daquele do ambiente natural. Historicamente, o socialismo acabou por significar um capitalismo de larga escala, centralizado e industrializado. O socialismo democrático é melhor, obviamente, do que o capitalismo, mas a palavra *socialismo* ainda é antropocêntrica. Os ambientalistas advogam a favor da solidariedade e justiça social, mas não se fixam em uma filosofia política única.

O HEM promove economias locais, descentralizadas, de escala humana, pluralistas e popular, e políticas que sejam democráticas e participativas. Os ambientalistas colocam a qualidade de vida acima da quantidade de produção e consumo. Seu foco é o crescimento do bem-estar das pessoas e do planeta ao invés do crescimento econômico. Dentro da visão da Ecologia Profunda, a economia e a política devem servir aos interesses da Mãe Terra tanto quanto aos interesses dos seres humanos. Os direitos da Mãe Terra são tão fundamentais quanto os direitos humanos. Não existe nenhuma contradição entre os dois.

Talvez nunca alcancemos um estado perfeito de harmonia natural ou de iluminação pessoal, mas podemos continuar nos movendo em direção a uma forma de ser equilibrada. A transformação é uma jornada para a vida inteira, não um destino. A transformação é um processo, não um produto. A transformação é uma evolução contínua e ativa – não é um estado estático.

20

Ação

O amor é o caminho
os mensageiros do mistério
nos contam coisas.
O amor é a mãe.
Nós somos seus filhos.
Ela brilha dentro de nós,
visível-invisível, enquanto confiamos
ou perdemos a confiança,
ou sentimos ela renascer novamente.

— RUMI

Ao redor do mundo, ativistas sociais e ambientais se dedicam a causas essenciais, lutando por justiça e pelo nosso planeta. E, ainda assim, apesar de anos de campanhas, às vezes pode parecer que os governos e a indústria não escutam – podemos achar que nada está acontecendo. Naturalmente, isso leva à ansiedade, decepção e mesmo a um desânimo. Uma vez recebi uma carta de um amigo querido, um artista e eco-ativista dedicado à luta contra o uso de plásticos. Assim como muitos de seus colegas ativistas, ele havia chegado a um ponto desesperançoso de frustração, exaustão e *burnout*. Coloco aqui sua carta, bem como a minha resposta a ele e para qualquer pessoa que se encontre em um estado semelhante de desilusão.

Caro Satish,

Ultimamente tenho me sentido muito desiludido dado à incapacidade do mundo de resolver qualquer uma das questões ambientais cruciais que estamos enfrentando. As pessoas clamam por mudanças, mas os líderes políticos só estão interessados em manter poder para eles mesmos. Como Jimi Hendrix disse, tão sabiamente: "Quando o poder do amor superar o amor ao poder, o mundo conhecerá a paz". O fato de nosso mundo estar em risco tão grande, ao longo de minha vida, me atinge como um grande fracasso, me faz sentir culpado e impotente.

Todos os nossos esforços para trazer consciência para os plásticos de uso único fez, somente, com que o governo do Reino Unido criasse um pequeno imposto sobre os plásticos virgens... mas não antes de 2025! Estamos vendo uma onda enorme de populismo nacionalista em países que deveriam estar unidos, não lutando uns contra os outros. De outra forma, como leis para proteger o meio ambiente poderão ser aprovadas se um país tem vantagem sobre o outro?! A competição precisa ser substituída pela cooperação.

Mesmo os chineses, que dizem estar comprometidos em se tornar a primeira civilização ecológica, não conseguem resistir ao seu crescimento econômico um pouco mais lento sem incentivar as indústrias poluidoras a aumentar a produção. Aparentemente, a qualidade do ar em Pequim é a pior de todos os tempos como consequência. Nossa ganância será nossa queda... talvez não seja assim tão ruim que a espécie humana seja severamente afetada pelas mudanças climáticas!

Mas, para aqueles entre nós que têm filhos e netos, é difícil aceitar isso. Já até ouvi de pessoas sem descendentes dizerem que estão felizes de não terem procriado por conta do mundo que estamos deixando para as futuras gerações. Meus próprios filhos são a primeira geração a temer pelo futuro. E posso os culpar?

Eu sei que você tem uma visão muito mais otimista que essa e o admiro por isso, assim como admiro sua fé na capacidade da humanidade de transformar a si mesma. Nesse momento, não consigo ver de onde vem essa fé. O único grupo pragmático que está realmente comprometido em interromper o caminho brutal do governo e dos negócios britânicos é o Extinction Rebellion. É um compromisso nobre sacrificar sua liberdade pelo meio ambiente. Se eu estivesse no Reino Unido, estaria bloqueando as ruas! Eles se chamam de "novas sufragistas" – pode ser que tenham sucesso. Infelizmente, acredito que ações mais radicais vão acontecer somente quando o primeiro desastre ambiental mais sério acontecer. As pessoas estão começando a ter medo de morar na costa, já que temos ouvido sobre os riscos do aumento do nível do mar e das tempestades.

Por favor me dê um pouco do seu otimismo, preciso dele!

Com todo meu amor,

— JAMES

Querido James,

Entendo completamente suas dúvidas, desânimo e frustração com o estado atual do mundo, e seu sentimento de impotência em relação a incapacidade e falta de vontade dos governos para resolver as questões ambientais de nossos tempos. O problema do plástico, com o qual você está devidamente preocupado, vem crescendo ao longo de um grande período de tempo. Mudar isso vai levar algum tempo também – mas espero que seja bem menos tempo do que o que ele vem envenenando o planeta. Você está certo de estar preocupado. O problema da poluição dos plásticos, das emissões excessivas de dióxido de carbono na atmosfera e a perda da biodiversidade são questões urgentes que criaram uma situação de emergência global.

Dito isso, quando estamos enfrentando uma emergência, acredito que precisamos agir com muita paciência. Por exemplo: se existe um incêndio em um teatro, precisamos sair do prédio de maneira ordenada, senão mais mortes podem ser causadas por pisoteamento.

Ainda assim, precisamos agir e agir com amor, dedicação, comprometimento e paixão. Uma ação assim, *tão nobre*, tem seu valor intrínseco, independente do resultado. A ação é a única coisa sobre a qual temos controle. Não temos controle sobre os produtos ou resultados. O nível mais elevado de ação é aquele que acontece sem apego aos resultados. Fazemos algo porque vale a pena ser feito. Agimos sem desejo de colher os frutos de nossas ações.

De fato, a ação e o fruto da ação não são duas coisas separadas: são parte de um único processo. Comer e acabar com a fome são um *continuum*; beber e passar a sede são dois aspectos de uma única realidade. De forma similar, agir para restaurar o equilíbrio ambiental e encontrar a harmonia entre a Natureza e a humanidade são uma e única coisa. Não existe uma utopia onde finalmente alcançamos a paz perfeita, a tranquilidade total, um amor eterno, ou qualquer ideal que seja. Assim, a mudança que desejamos e nossa ação para que essa mudança aconteça são integradas uma na outra. Assim como nosso amor é incondicional e ilimitado, também nossas ações são incondicionais e sem fim. Qual é o fruto do nosso amor? Somente amor. Qual o fruto de nossas ações? Mais ação! Ação é o começo, ação é o meio e ação é o fim. Viver é agir. Precisamos aproveitar nossa ação e encontrar realização nela. Sem decepção e sem *burnout*. O ativismo não é para mudar o mundo; o ativismo é a mudança no mundo.

Mahatma Gandhi disse: "Seja a mudança que você quer ver no mundo". Nossas ações emergem do nosso ser. Agir para a paz, para a sustentabilidade e para a espiritualidade são uma forma de ser.

O mesmo é verdade para a prática das artes. O artista não consegue, nem deseja, controlar os resultados. O sucesso ou o fracasso não estão nas mãos do artista. A prática da arte é como a prece ou a meditação. A prece verdadeira não pede nada. Ela é simplesmente uma oferenda. A arte e o ativismo são a mesma coisa nesse sentido. Estamos a serviço da Terra e da humanidade. Servimos até nosso último suspiro. Nosso ativismo ou nossa arte são inspirados por um amor profundo pela humanidade e pela Terra. Nessa visão, e a partir dessa perspectiva, a arte, o ativismo e o amor se tornam uma forma de vida permanente. Agimos a partir do amor e não do nosso desejo de ser bem sucedido. O sucesso é uma dádiva do universo. Se vier, ficamos maravilhados, mas se não vier, não o almejamos, não o procuramos. Somos gratos ao universo por nos escolher como canais de serviço e ativismo. Assim, com total humildade e total liberdade interna, agimos. Se somos escravos do desejo pelo sucesso, não somos livres. Nosso foco completo e atento deve ser em nossa ação. Somente assim não nos distraímos com nossos desejos por resultados.

O ativismo é uma jornada, não um destino. Por meio de nossas nobres ações, nós, ativistas, somos transformados. Se outras pessoas mudarem ou não, nós já mudamos. Isso, em si mesmo, é de grande valor. Então vamos sair da decepção para o deleite!

Mesmo Jesus Cristo ou Buda não conseguiram estabelecer um reino de amor e compaixão na Terra. Será que você consideraria isso um fracasso? Não! Suas vidas e ensinamentos tem valor duradouro. Suas ações se destacam como faróis de esperança e inspiração para milhões de pessoas ao redor do mundo. Vamos ser como pequenos Budas e agir abnegadamente, com amor e compaixão.

Com todo meu amor,

— SATISH

PARTE TRÊS

Amor Radical por Nós e pelos Outros

*Uma palavra nos liberta de todo o peso
e dor da vida. Essa palavra é amor.*

– SÓFOCLES

21

Um Manifesto do Amor

Minha afeição é como um mar sem fim,
Meu amor tão profundo.
Mais eu dou,
Mais eu tenho,
pois são ambos infinitos.

– WILLIAM SHAKESPEARE

A nossa revolução é uma Revolução do Amor. O amor é lógico e mágico, simultaneamente. A Terra é uma incorporação do amor. A Terra é nossa professora e aprendemos a arte de amar com ela. Ela nos ama perfeitamente e, em retorno, devemos aprender a melhor amar a Terra.

Dizemos *não* às políticas e práticas que causam dano à Terra e causam aquecimento global, derretendo o gelo ártico e causando o aumento do nível do mar. Boicotamos negócios e produtos que causam dano ao planeta. Podemos ser presos em defesa à Natureza e fazemos isso pacificamente e com felicidade. Não temos nenhum medo.

Dizemos *sim* para viver de maneira simples e sustentável. Dizemos *sim* ao plantio de trilhões de árvores e sim para a agricultura rege-

– 125 –

nerativa. Comemos alimentos saudáveis, locais, orgânicos e nutritivos. Vivemos como artesãos e artistas. Apoiamos os artesãos do mundo. Resistimos ao mal para contribuir com sua dissolução e auxiliamos o bem para que ele floresça.

Não permitimos que o desespero diminua nosso otimismo. Ativistas devem ser otimistas. O pessimismo pode levar ao jornalismo, mas nunca ao ativismo. Com esperança duradoura e um comprometimento para a vida toda, nos lançamos na jornada de transformação. Sim, o ativismo é uma jornada, não um destino; é um processo de longo prazo e não um produto de curto prazo. Clamamos uns aos outros: "se comprometa com a Terra e viva como um artista e um ativista". Estamos nisso todos juntos. Não temos inimigos. A economia do desperdício e da poluição, extração e exploração, ganância e ego deve chegar ao fim por meio da participação universal. Políticos e poetas, industrialistas e artistas, criadores e consumidores, todos devem dar as mãos e se apoiarem para superar os perigos da poluição e evitar a crise da catástrofe ambiental.

Agimos para uma transformação externa e também agimos para uma transformação interna. Se nossas mentes estão poluídas pela ganância, pelo medo e pelos desejos, então estamos dando força ao descontentamento, ao consumismo e ao materialismo que resultam na poluição da Terra e de nós mesmos. A paisagem externa e a paisagem interna são dois aspectos de uma única realidade. A Natureza lá fora não é separada de nossa natureza interna.

A velha narrativa de divisão e separação precisa dar espaço para a nova narrativa de unidade e conectividade, entre o interno e o externo, entre Natureza e humanos. Meditação e ação, intuição e razão, mente e matéria, silêncio e fala, interno e externo, esquerda e direita complementam uns aos outros. Cultivar a compaixão interna e a conservação externa é a maneira de abraçar esse novo paradigma holístico.

Curamos as feridas causadas pela velha narrativa de separação e dualismo, os preconceitos de "nós" e "eles", as divisões de classes, castas, raças, religiões, identidades e nacionalidades. Colocamos o bálsamo do amor incondicional e ilimitado para curar os conflitos entre os povos, entre as pessoas e o planeta.

Transcendemos as divisões e celebramos a diversidade, enquanto abraçamos a unidade da vida. Lembramos que a unidade não é uniformidade. A unidade se manifesta por meio da biodiversidade, da diversidade cultural, da diversidade de verdades, de pensamentos e opiniões. A evolução favorece a diversidade. Desde o Big Bang, a evolução tem trabalhado incansavelmente ao longo de bilhões de anos para criar diversidade de todas as formas. Podemos celebrar a diversidade de linguagens, religiões, identidades e continuar unidos em total comprometimento com o bem de nosso precioso planeta; não causamos danos às suas pessoas, seus animais, suas florestas e suas águas.

Garantimos os direitos humanos e, da mesma forma, garantimos os direitos da Natureza; os direitos de todos os seres vivos. A Terra não é uma rocha morta, ela é Gaia, um organismo vivo. Como disse William Blake: "a Natureza é a imaginação em si". E, nas palavras de Shakespeare, existem "linguagens nas árvores" – sim, as árvores falam e nós escutamos. Shakespeare foi mais além e disse: "livros nas corredeiras... sermões nas pedras" – sim, aprendemos a ler os livros dos rios e das pedras. Não precisamos ir a templos e igrejas se não quisermos; podemos ouvir os ensinamentos de paz, paciência e resiliência a partir do mundo natural se, ao menos, prestarmos atenção.

Não valorizamos a Natureza em termos de sua utilidade para os seres humanos, mas reconhecemos o valor intrínseco da Natureza e de toda Terra. A Natureza não é simplesmente um recurso para a economia, ela é a fonte de vida em si. Vivemos em harmonia com a Natureza, com a Terra, e com todos os seres vivos; com o mundo humano e o mundo mais-que-humano. Mesmo quando não atingimos a harmonia perfeita, mantemos que esse é o ideal que vale a pena perseguir.

Talvez nos chamem de "idealistas", mas o que os "realistas" alcançaram no mundo? A crise climática não é obra dos idealistas. São as atividades dos realistas que estão causando a mudança climática, a perda da biodiversidade, a poluição do ar, da água e do solo. Sob o comando da fome constante por mais daqueles que se chamam de realistas, as guerras e outras tragédias humanas cresceram exponencialmente em escala global. Os realistas já governaram o mundo por tempo demais e fizeram uma grande bagunça. É hora de dar uma chance aos idealistas. Somos os heróis gentis dos nossos tempos. Nossas ações em nome do planeta e suas pessoas são ações de amor.

22

Quatro obstáculos para o Amor

O amor é uma dimensão mais profunda do que a razão.

– E. E. CUMMINGS

O amor é a suspensão da dúvida. Para amar, eu preciso acreditar em mim mesmo e acreditar, de todo coração, nas pessoas que amo. Tolstói disse: "Quando você ama alguém, ama a pessoa como ela é, não como você gostaria que ela fosse". Quatro obstáculos para o amor podem aparecer quando queremos que as pessoas pensem, falem e ajam de maneira a atender nossas expectativas. Quando não atendem, temos os hábitos de Criticar, (re)Clamar, Controlar e Comparar. Esses quatro "Cs"[4] são obstáculos destrutivos para o amor.

Criticar

Quando criticamos os outros, estamos julgando. Estamos, de fato, dizendo: eu estou certo e você está errado. Estamos dizendo que existe

---

4 Em inglês, os quatro hábitos são *Criticizing, Complaining, Controlling* e *Comparing*, formando quatro "Cs" (nota da tradutora).

somente um jeito certo e é o meu jeito: "Quero que você faça as coisas do meu jeito". Isso é arrogância. Amor e arrogância são opostos, não andam juntos. O Amor é o fruto da humildade.

O Amor não é escravidão. Ele é conexão e pertencimento. O Amor não é a fusão de duas almas. A matemática do Amor diz que um mais um é onze – e não dois! Na jornada árdua, imprevisível e maravilhosa da vida, o Amor é a promessa de companhia. O criticismo é uma consequência da dúvida, dúvida na capacidade do outro de fazer o que é certo. Vamos permitir que a luz do Amor entre em nossas almas e dissipe a escuridão da dúvida. O deus do Amor reside no templo da confiança.

Fomos educados para cultivar uma mente crítica em todas as circunstâncias. Fomos condicionados a pensar que duvidar é sempre algo bom. A metodologia da dúvida cartesiana foi colocada em um alto pedestal e usada como base para a maioria dos sistemas educacionais.

O pensamento crítico e a metodologia da dúvida são úteis no campo da filosofia e outras atividades intelectuais. Mas quando se trata de amor, amizade e relacionamentos, então o criticismo deve ser substituído pela apreciação. A confiança precisa estar no altar de nossos corações, não a dúvida. Os relacionamentos e o amor crescem no solo do coração, e o coração é nutrido pelo néctar da confiança.

A dúvida nos priva de relacionamentos profundos e duradouros. Ela nos impede de estabelecer compromissos de longo prazo. Não é somente nos relacionamentos amorosos que precisamos abrir mão da dúvida. Também em nossas vidas profissionais precisamos nos comprometer com algo que amamos: perseguir nossos caminhos apesar de altos e baixos, dificuldades e obstáculos, riscos e incertezas. É imprescindível não criticar nossas próprias esperanças e sonhos.

Ao amar fazendo jardinagem ou cozinhando, dançando ou cantando, na agricultura ou nas fábricas, precisamos ignorar o medo do fracasso e a promessa de sucesso. Devemos simplesmente confiar em nós mesmos e seguir nossos corações. Esse é o caminho do amor.

(re)Clamar

Quando reclamamos, também estamos julgando. Estamos dizendo aos outros: "Você agiu sem cuidado; existe um padrão de comportamento específico e suas ações estão abaixo do padrão". Achamos que a conduta foi irresponsável ou condenável. A reclamação é agressiva e ser agressivo é como ser uma tesoura, pronta para cortar o coração em vários pedacinhos.

O Amor não é sobre expectativas. O Amor é sobre a aceitação incondicional do outro como ele é. Todos somos diferentes e únicos. E isso é muito belo. O sol do amor nasce no amanhecer da diversidade e faz florescer milhares de flores. O Amor proclama: Viva a diferença!

O ato de reclamar surge da ausência de aceitação e da falta de confiança. Então, a reclamação e a desconfiança são companheiras.

Existe espaço para a reclamação contra a injustiça social, a degradação ambiental, a discriminação racial, a corrida armamentista e outros sistemas similares de desperdício, poluição e violência. Nessas situações, temos direito de reclamar, opor e protestar, mas sem ódio e sem abusar de quem sustenta essa ordem injusta. Podemos e devemos defender a verdade, integridade e beleza. Mas devemos fazer isso com amor e compaixão em nossos corações por aqueles que, em sua ignorância, perpetuam sistemas sociais injustos.

Mahatma Gandhi se opôs ao capitalismo e ao imperialismo, mas ele o fez com muito amor por aqueles responsáveis pela colonização. Similarmente, Martin Luther King Jr. era a personificação do amor por aqueles que causaram as feridas do racismo aos negros americanos. Ele usou o poder do amor para lutar vigorosamente contra o racismo e a supremacia branca nos Estados Unidos. Reclamar com gentileza pode ser difícil, mas ainda assim é bem possível agir dessa maneira.

O que é adequado em um contexto social e político, entretanto, pode não ser adequado nos relacionamentos pessoais e íntimos. Em nossas interações com amigos e familiares, com colegas e companheiros, devemos nos ater ao caminho do cuidado em vez do caminho da reclamação. Todos cometemos os mais diversos erros. Errar é mais que normal e natural. A única forma de crescermos é aprender com nossos erros. E o aprendizado nunca acaba.

Sob a luz do amor, rapidamente passamos da reclamação para a compaixão.

Controlar

O desejo de controlar os outros é contrário ao amor. Ao desejar controlar alguém, estou me colocando em uma posição superior, uma posição de ego. O ego é inimigo do amor. Para viver no amor, devemos passar do ego ao eco. Como vimos, *eco* vem do grego, e quer dizer lar com seus membros familiares. Quando realmente amo, me sinto relaxado e tranquilo. Não estou me auto-vigiando. Estou em casa.

Em um lar amoroso, existe mutualidade e reciprocidade verdadeiras. Ninguém é inferior ou superior. Todos cuidam uns dos outros. Em um lar, vivenciamos o amor materno, paterno, fraterno, romântico, erótico, culinário; existe o amor de cuidar e compartilhar. O lar ideal é uma zona livre de controle!

O amor não é possessivo. O amor é libertador. Quando amamos, participamos do processo de viver, em vez de querer estar no controle da vida dos outros.

O desejo de controlar os outros é uma falta de confiança em suas habilidades de autogestão e auto organização. O desejo de controlar os outros é a negação da verdade que todos são dotados de integridade e imaginação próprias.

O único uso do controle que é construtivo e verdadeiro é o autocontrole. Quando controlamos nossa raiva, nossa ganância, nosso ego. Esse autocontrole nos liberta de conflitos, confrontos e guerras. Passamos do controle para a conciliação, e assim podemos viver com os outros com um senso de comunidade. Podemos crescer num jardim de generosidade. Podemos vivenciar um sentido profundo de gratidão e graça. Podemos nadar no oceano do amor.

Comparar

Quando comparamos uma pessoa à outra, estamos habitando o dualismo. Estamos presos aos conceitos de bom e mau, certo e errado. Como o poeta sufi Rumi nos pede: "Existe um campo para além do certo e do errado. Vamos nos encontrar lá." Esse é o campo da amizade e do amor incondicional, onde transcendemos a tirania da comparação e voamos nas asas da sabedoria. Tudo tem seu lugar e tudo é bom em seu lugar.

Uma árvore não discrimina entre um santo e um pecador. Ela oferece sua sombra fresca e frutos aromáticos para todos, quem quer que seja – pobre ou rico, sábio ou tolo, humano ou animal, pássaro ou vespa. Uma árvore ama a todos e não compara. Vamos aprender a amar com as árvores.

Cada e toda pessoa é única, um presente especial do universo. Quando amamos, valorizamos e celebramos a dignidade intrínseca de nossos amados, sem compará-los com mais ninguém. Cada e todo ser vivo merece ser apreciado e celebrado em seus próprios termos.

Devemos distinguir em nossas mentes o que é *ter* um amante e *ser* um amante. Quando queremos ter um amante, estamos propensos a comparar essa pessoa com outra. Mas quando desejamos ser um amante, estamos propensos a superar as comparações. Os pragmáticos comparam e contrastam. Os amantes aceitam e regozijam. Cada beijo é unicamente extasiante em si mesmo. Dois beijos nunca podem ser comparados!

– MANTRA PARA OS QUATRO OBSTÁCULOS DO AMOR –

Que eu possa evitar criticar, reclamar, controlar e comparar.

Em seu lugar, que eu pratique compaixão, consolação, conciliação e comunicação.

Além disso, que eu aprenda a apreciar e elogiar os outros e dar graças a todas as dádivas da vida que recebo a cada dia!

23

Caminhando

Caminhe como se estivesse beijando a terra com seus pés.

– THICH NHAT HANH

Caminhar é uma metáfora e também uma ação. Quando nos colocamos em movimento,[5] integramos o idealizado com a realidade; colocamos os princípios em prática.

Existe uma conexão implícita entre esse pensamento e a escola filosófica dos peripatéticos. Foi Nietzsche que disse: "Não confie em uma filosofia que não foi testada por uma caminhada". Os teólogos têm seus claustros ao redor do pátio de um mosteiro; igrejas e catedrais têm espaço sagrado ao seu redor para caminhar enquanto meditamos nos mistérios da fé e na metafísica da existência. Os peregrinos andam suas jornadas sagradas a pé para chegar a destinos divinos. Eles andam nos

---

5 Em inglês, a expressão *"walk the walk"*, quer dizer realmente seguir aquilo que é ideal, realmente "caminhar o caminho" (nota da tradutora).

picos sagrados dos Himalaias, ou para a confluência de rios sagrados, ou para locais associados a profetas, poetas e místicos. O ato de caminhar é, em si mesmo, tão significativo para os peregrinos quando a chegada. Caminhar é uma ação espiritual para autopurificação, autotransformação e autorrealização.

Ativistas ambientais, sociais e políticos andam em protesto contra a poluição, a exploração, e a injustiça cometidas por aqueles que detém o poder. Mahatma Gandhi realizou sua Marcha do Sal e Martin Luther King Jr. sua Marcha sobre Washington, que foram atos de disputa política tanto quanto de revelações espirituais. Milhões de humanos andaram para trazer fim ao colonialismo, racismo, sexismo e militarismo. Para mostrar solidariedade aos pobres e oprimidos, ativistas culturais de todas as idades, nacionalidades e vias políticas caminharam para mostrar apoio à sustentabilidade, espiritualidade, justiça, paz, liberdade, direitos humanos e direitos da Natureza.

Meu professor e mentor Vinoba Bhave andou milhares de quilômetros através da longitude e latitude da Índia, ao longo de quinze anos, convencendo ricos proprietários de terras a dividir suas posses com trabalhadores sem terra, em nome do amor e da justiça. Foi um milagre ele ter sido capaz de abrir os corações desses proprietários e arrecadar milhões de acres de terra como presentes, que ele então distribuiu entre os sem posses e excluídos. Foi sua caminhada que inspirou e impressionou os ricos para que doassem suas terras. Ele dizia que caminhava porque estava "movido pelo amor".

Minha mãe mesmo era uma excelente caminhante. Ela tinha uma pequena propriedade rural, cerca de uma hora de caminhada a partir de nossa casa no Rajastão. Nossa família foi abençoada com um cavalo e um camelo, mas minha mãe nunca andava em animais. Ela sempre ia a pé até a fazenda. Nossa tradição religiosa, o Jainismo, exige respeito com os animais e que não causemos nenhum sofrimento ou dificuldades a eles. Se alguém sugerisse à minha mãe que andasse a cavalo, ela ria e simplesmente dizia: "Você gostaria que o cavalo andasse nas suas costas?"

Com frequência eu acompanhava minha mãe até a fazenda ou em outras tarefas. Enquanto caminhávamos, ela me contava histórias e cantava. Ela me mostrava os milagres da Natureza que a maioria das pessoas ignora. Caminhar, para minha mãe, era fonte de alegria e ato de amor.

E assim também o é para mim. Em minha infância, me tornei um monge jainista. Eu andei a pé por nove anos, sem nunca viajar de carro, trem, avião ou barco. Não utilizava nem mesmo uma bicicleta. Meus pés se tornaram largos e firmes. Eu andei sobre areia e pedrinhas, no calor e no frio, sem meias, sandálias ou sapatos. E ainda assim, na minha mente, eu sentia que estava andando sobre pétalas. Meu guru me disse: "Pratique a gratidão com a Terra que o sustenta em suas costas e o permite caminhar". Era uma forma de me ensinar uma lição sobre a espiritualidade da Terra. "As pessoas aram a Terra, andam sobre ela, cavam buracos em seu corpo e, ainda assim, a Terra perdoa. Ela é tão generosa que, se você plantar uma semente, ela retorna milhares de frutos. Então medite no amor incondicional da Terra e pratique o mesmo tipo de compaixão, generosidade, e perdão em sua própria vida".

Eventualmente, eu abandonei a ordem monástica jainista, mas não meu amor pela caminhada. Em 1962, com meu amigo E. P. Menon, eu embarquei em uma peregrinação pela paz, caminhando de Nova Déli até Moscou, Paris, Londres e Washington. Andamos treze mil quilômetros sem um tostão no bolso. Não sei se trouxemos mais paz para o mundo, mas eu certamente encontrei paz dentro de mim, mesmo ao caminhar. Aprendi a confiar em mim mesmo, a confiar nos estranhos e a confiar no mundo. Ganhei confiança e resiliência. Eu fui capaz de abandonar meus medos do desconhecido, não planejado e incerto. Aprendi a amar as montanhas, as florestas e os desertos igualmente. Apreciei o vento e a chuva, a neve e o sol com equanimidade. Encontrei tanto a hostilidade quanto a hospitalidade com o mesmo humor e aceitação. Aprendi a não esperar nada e aceitar tudo como vier. Quando não existe expectativa, não existe decepção. Caminhar, para mim, é uma fonte de autorrealização. Caminhar é muito mais que uma forma de ir de um lugar para outro; é uma forma de vida, um caminho para a saúde, a harmonia e a felicidade.

Com cinquenta anos, fiz uma segunda peregrinação, agora ao redor das Ilhas Britânicas. Do condado de Devon até Somerset e Dorset, pela trilha dos Peregrinos até Canterbury. Andei de vila em vila e de cidade a cidade, imerso na beleza da paisagem britânica. Então, ao longo da costa leste, cheguei à ilha sagrada de Lindisfarne, onde os santos celtas de tempos antigos meditavam na Natureza enquanto andavam pelas praias.

Andei através da Escócia até Iona, um dos lugares mais tranquilos que já visitei, e então pela costa oeste, até o País de Gales e de volta para casa, passando por Exmoor, até chegar em Hartland. Foi uma viagem sagrada ao longo de quatro meses e mais de três mil quilômetros, na qual desfrutei de uma incrível hospitalidade de pessoas de vários contextos diferentes. Novamente, andei sem dinheiro e encontrei muitos milagres que surgiram da pura generosidade e bondade de homens e mulheres comuns, a quem encontrava pela primeira vez durante minha jornada.

Agora estou com oitenta anos e é graças à caminhada que não me faltam energia, entusiasmo e paixão. Meu sistema imune é robusto. Nunca tomei antibióticos e só fui hospitalizado uma vez, por conta de um ossinho quebrado.

As pessoas me perguntam o segredo da minha boa saúde. Minha resposta é direta e simples: eu amo caminhar. É bom para meu corpo, bom para a minha mente e bom para meu espírito. Ando por uma hora todo dia e, quando é impossível, faço pelo menos uma caminhadinha após a refeição. Andar é muito digestivo, renovador e calmante. Não tenho palavras para descrever meu louvor à caminhada. Eu escolho me mover e fluir ao invés de ficar fixo e estático.

Sempre trago à lembrança as palavras de John Muir: "Em cada caminhada com a Natureza, recebemos o que buscamos". Quando caminhamos, cultivamos uma compreensão profunda do mundo natural. Nos apaixonamos com a Natureza, o que nos permite vivenciá-la de forma profunda, e isso, por sua vez, nos leva a um comprometimento profundo com seu cuidado. Celebramos a Natureza e agimos para protegê-la. Esse é o processo de aprendizado da Ecologia Profunda. Eu caminho sobre a Terra e caminho pela Terra.

A caminhada meditativa é uma prática espiritual magnífica. E para aqueles que desejam ter uma pegada mais leve sobre o planeta, andar também é o jeito mais simples e fácil de reduzir nossa contribuição de carbono para a atmosfera. Então vamos andar até nossos escritórios, lojas, escolas, andar até as igrejas. Se alguém diz que não tem tempo para caminhar, então eu gostaria de lembrá-los de que não existe falta de tempo. O tempo que medimos em horas, dias, semanas e meses é só para fins de conveniência. Na realidade, o tempo é infinito.

24

Alimento e horta

A vida começa no dia em que você começa uma horta.

– PROVÉRBIO CHINÊS

Minha mãe tinha um campo de cinco acres que ela chamava de "horta do amor". Ela cultivava melões, painço, feijão mungo e gergelim, além de vários vegetais. Como mencionei, ela me levava andando com ela até esse campo, onde eu a ajudava a plantar as sementes, regar as plantas e fazer a colheita.

Ela também era uma excelente cozinheira. "A comida é medicina, como também é fonte de nutrição", ela dizia. Ela me encorajava a trabalhar com ela enquanto fazia *chapatis*, um pão chato sem fermento, ou *dhal* e vegetais com gengibre, cúrcuma, coentro, cominho e cardamomo. Desde então, continuei gostando de cuidar da horta e de cozinhar. Quando vivia em um *ashram* gandhiano em Bodh Gaya, no norte da Índia, nosso lema era: "Aqueles que comem devem participar do cultivo dos alimentos e aqueles que cultivam devem ter o suficiente para comer". O princípio gandhiano sobre alimentos é que deveria existir a menor distância possível entre o solo, onde o alimento foi cultivado, e as bocas que ele alimenta. Se o alimento está vindo de seu próprio jardim, ou de uma feira de produtores local, então a comida é fresca. Se ela é transportada por longos trajetos e embalada em plástico, não pode ser tão fresca quanto deveria. Basicamente, devemos pensar globalmente, mas comer localmente.

Em 1982, eu comecei uma escola na minha cidade, a Small School em Hartland, na Inglaterra. No primeiro dia em que as crianças, seus pais e as professoras se encontraram, eu perguntei como a nossa escola deveria ser diferente das demais. A resposta foi que todos os dias, na nossa escola, as crianças e as professoras iriam preparar juntas o almoço, agradecer e comer uma boa refeição juntas. A lógica para isso é simples: não se pode oferecer uma boa educação com uma má dieta. Não é muito adequado aprender sobre Darwin ou Shakespeare, ciências e história, se não sabemos ao menos nos alimentar. Então, aprender a cultivar, aprender a cozinhar, e aprender a compartilhar uma refeição é tão importante para a educação quanto é aprender a ler e escrever.

Muitas escolas têm seus alimentos trazidos até elas por distribuidoras em massa, de longas distâncias. A comida é, frequentemente, sem sabor. Uma quantidade significativa é desperdiçada e as crianças não aproveitam a refeição, e então saem da escola e compram comida industrializada cheia de açúcar e sal. Apesar de talvez serem gostosas, elas não são nem um pouco nutritivas. Ao contrário, fazem bastante mal às crianças, levando à obesidade, dificuldades de aprendizado e memória, e mesmo depressão. Os jovens saem das universidades com diplomas de graduação, mestrado ou doutorado, mas muitos não sabem ao menos preparar uma refeição digna. As escolas têm piscinas, quadras esportivas e laboratórios de ciência, mas poucas têm hortas e cozinhas onde as professoras e seus estudantes possam cultivar os alimentos e cozinhar, juntos. Na minha visão, todas as escolas deveriam ter hortas e cozinhas. Por que damos tão pouca atenção à comida quando é uma necessidade fundamental para uma boa vida?

Em 1991, eu criei o Schumacher College para educação de adultos e lá também apliquei os mesmos princípios. Todos os estudantes e participantes são convidados e encorajados a trabalhar nas hortas e na cozinha. Quando fazem isso, não estão perdendo aulas, porque cultivar e cozinhar é a lição.

A horta no Schumacher College é realmente uma Horta do Amor, algo celebrado particularmente por um curso que eu acho muito inspirador. Nosso Programa de Agricultores (*Growers Program*), que oferece seis meses de aprendizado intensivo em cultivo, foi desenhado para treinar jovens na arte da agricultura e jardinagem regenerativa, e para mostrar que existem muitas opções viáveis para se produzir alimentos de maneira sustentável, com significado e amor. Durante seu curso, eles também produzem alimentos integrais para o College. Foi calculado que a cozinha do College economizou vinte mil libras somente em um ano com os produtos cultivados por nossos quinze Aprendizes, que cuidam de sete acres de terra com amor, paixão e prazer exemplares.

A agricultura industrial, a criação de animais industrial e o agronegócio atualmente contribuem para 25% a 30% das emissões de gases de efeito estufa globalmente. A quantidade de água e eletricidade utilizada para cultivar alimentos para o mundo com esses métodos modernos é colossal. As formas nas quais esses métodos empobrecem e erodem nosso precioso solo são imensuráveis. As consequências desse modelo para o meio ambiente são desastrosas, enquanto a qualidade do alimento produzido também é muito abaixo do padrão, para dizer o mínimo. Os efeitos de produzir e consumir alimentos dessa forma para a saúde humana são motivo de grande preocupação e, ainda assim, continuamos a promover a agricultura industrial como se não houvesse alternativa.

A agroecologia está ganhando força e atraindo atenção daqueles que querem cultivar bons alimentos de maneira sustentável, seguindo as lições da agricultura regenerativa. A melhor maneira de se fazer isso é se distanciar das grandes monoculturas de escala industrial e incorporar os princípios da biodiversidade na agricultura. Cultivar árvores, grãos, flores, frutos e vegetais juntos é um princípio essencial da agroecologia. A diversidade mantém a fertilidade do solo e aumenta a resiliência dos cultivos.

Devido à natureza industrializada e mecanizada da agricultura moderna, nos distanciamos do solo. Com a agroecologia, nos reconectamos com o solo e com nossas raízes. Ainda assim, as pessoas duvidam que os métodos sustentáveis de agricultura podem produzir alimentos suficientes para alimentar a população crescente do mundo. Isso é resultado de uma crença enganosa de que o alimento pode ser cultivado sem o envolvimento das pessoas no processo de produção. Todos nós precisamos comer, mas parece que não queremos nos envolver no processo de cultivo dos alimentos. Queremos máquinas, computadores e mesmo robôs para produzir de maneira barata nosso alimento e o distribuir globalmente. Isso tem sido, e continuará a ser, uma forma de aumentar as emissões de carbono que causam nossa catástrofe ambiental atual. Se queremos alimentar as pessoas adequadamente sem piorar a crise climática, então mais pessoas precisam se envolver na produção dos alimentos. E por quê não? Afinal, alimento é vida. O alimento é sagrado.

Para responder ao caos causado pelas mudanças climáticas e abraçar sistemas alimentares sustentáveis e regenerativos, precisamos restaurar a dignidade daqueles que trabalham com a terra. Cultivar o solo e produzir alimentos é uma nobre vocação e uma profissão respeitável. Os alimentos não são *commodities*, são fonte da vida, um presente sagrado da Terra. Trabalhar o solo como jardineiro ou fazendeiro é bom para nosso bem-estar físico e espiritual.

A alimentação no Schumacher College é vegetariana. Acreditamos que a compaixão com os animais é base para o desenvolvimento da compaixão em nossos corações com outros humanos e outros seres vivos. Além disso, para alimentar uma pessoa com uma dieta à base vegetal requer somente um acre, enquanto uma alimentação à base de carnes requer cinco. Os animais são, cada vez mais, mantidos em fazendas industriais e abatedouros nos quais o consumo de água é imenso e onde os animais nunca veem a luz do sol ao longo de toda sua vida. Esses animais infelizes são, então, consumidos pelos humanos. Como as pessoas podem ser felizes se estão consumindo a carne de animais infelizes? Meu conselho para as pessoas que comem carne é comer menos e somente se vier de animais criados livres, que tiveram uma vida boa e feliz. E para aqueles dispostos a se tornar vegetarianos, ainda melhor. Se a comida é bem feita, se é fresca e deliciosa, você não irá sentir falta da carne.

Uma vez fui convidado por uma escola primária para falar sobre meio ambiente. Depois da minha apresentação, tive uma conversa com um estudante curioso, que começou por me perguntar qual era o meu animal preferido: "O elefante, eu disse". Ele então me perguntou o motivo e eu expliquei que o elefante é tão grande e forte e, ainda assim, é vegetariano, o que prova que para ser grandes e fortes não precisamos comer carne. Intrigado, o aluno me perguntou qual era o meu segundo animal preferido e eu disse que era o cavalo. De novo, o estudante queria saber o motivo e eu o lembrei que os cavalos são tão poderosos que medimos o poder de um motor com "cavalos", e os cavalos também são vegetarianos. "Daqui para frente, eu também serei vegetariano", o menino respondeu, já se sentindo maior e mais forte.

É um mito total que não temos forças se não consumimos carne. Minha família é seguidora da religião jainista e todos os jainistas têm sido vegetarianos estritos por mais de dois mil anos. Muitos membros da minha família, eu mesmo incluído, viveram vidas saudáveis até os oitenta ou noventa anos.

A comida vegetariana deveria, idealmente, também ser orgânica. Os químicos são, com frequência, derivados de petróleo extraído do solo profundo e esse combustível fóssil gera os gases de efeito estufa, que contribuem para o aquecimento global. Se os vegetais e grãos são produzidos com fertilizantes químicos utilizando combustíveis fósseis, e depois transportados por longas distâncias, utilizando ainda mais combustível, então o dano para o meio ambiente diminui os benefícios do vegetarianismo. A comida local, vegetariana e orgânica é um *continuum* que devemos tentar respeitar.

Também não devemos nunca cogitar a utilização de alimentos geneticamente modificados, com sementes produzidas por empresas multinacionais como a Monsanto. As sementes evoluíram ao longo de milhares de anos para se adequar às condições do solo, do clima e do ambiente. As sementes geneticamente modificadas são desenvolvidas rapidamente em um laboratório. Essas sementes comerciais são desenvolvidas a partir do desejo de gerar grandes lucros, sem nenhuma atenção aos custos ao meio ambiente e à saúde humana.

Para os fazendeiros tradicionais, as sementes são sagradas – é a fonte da vida. Cada fazendeiro é autossuficiente para guardar suas próprias sementes, enquanto que empresas como a Monsanto veem as sementes somente como *commodities* a serem vendidas pelo lucro e para manter os fazendeiros dependentes delas. Assim, as sementes geneticamente modificadas também são antidemocráticas. Elas removem a liberdade dos fazendeiros de guardarem suas próprias sementes. A ilusão é que as sementes modificadas irão gerar colheitas mais fartas: mesmo que a quantidade colhida cresça, seu valor nutricional diminui. É melhor comer alimentos nutritivos em menor quantidade do que alimentos geneticamente modificados e pouco saudáveis em grande quantidade.

Vamos cultivar nossos alimentos integrais de forma amorosa e local. Deixemos que seja, na grande maioria, vegetariano, orgânico e livre de modificações genéticas. Vamos comer de forma amorosa e em pequenas quantidades, na companhia de nossos amigos e familiares. O amor pela comida é a celebração dos alimentos, não a indulgência. Eu compartilho meu alimento com os outros como expressão de meu amor por eles. Uma boa refeição expressa amor mais alto do que palavras.

25

Simplicidade

Grandes atos são feitos de pequenas ações.

– LAO TZU

O Amor à simplicidade é um pré-requisito para a sustentabilidade, espiritualidade, harmonia social e para a paz.

A fé jainista coloca o princípio de *aparigraha* abaixo somente do de *ahimsa*. É uma bela palavra, mas de difícil tradução. Significa "a liberdade da prisão das posses materiais". É um princípio ecológico. É um princípio da redução do consumo, da acumulação mínima de possessões materiais. Se podemos viver com três ou quatro camisas, por que ter dez ou vinte? Afinal, só podemos utilizar uma camisa de cada vez. Por que precisamos acumular um armário cheio de sapatos, sendo que alguns já são suficientes? E o mesmo vale para qualquer objeto material. Aos jainistas é demandado que usem os objetos materiais para satisfazer suas necessidades, não suas ganâncias. Ao praticar *aparigraha,* a pessoa se liberta do peso, da preocupação e da ansiedade de ser dona de muitas coisas.

– 147 –

O princípio da não-acumulação é o oposto exato da ideia moderna de economia, onde a maximização da produção e a maximização do consumo é o ideal motor. Mesmo em festivais religiosos, como o Natal ou a Páscoa, comprar e consumir tem mais prioridade do que os rituais espirituais. As pessoas são consumidas pela ideia de comprar e vender e sobra pouco tempo, ou nenhum, para a nutrição espiritual. Sem tempo para si mesmos, sem tempo para reflexão, sem tempo para praticar sua criatividade ou fazer artesanato.

O consumismo entulha nossas casas, nossas vidas e nossos ambientes de trabalho. Nossos guarda-roupas estão cheios de roupas nunca utilizadas, sapatos, jaquetas e assim por diante. Em nossas cozinhas, as coisas ficam nas prateleiras sem nunca serem utilizadas, ainda assim nos apegamos achando que um dia serão úteis, mas esse dia nunca chega. O mesmo acontece em nossas mesas, onde papéis, arquivos e livros se empilham dia após dia, ocupando todo espaço. Nos habituamos a acumular e guardar. Quando olhamos em nossos sótãos, quartos e guarda-roupas, achamos entulho em todo lugar.

O problema é muito maior do que o simples desperdício de espaço. Todos esses bens materiais vieram de algum lugar, da Terra e, assim, da Natureza. A extração em massa, produção e distribuição em massa, e consumo em massa resultam em poluição e resíduos em escala global. Se queremos amar a Natureza e levar à série a sustentabilidade, então temos que mudar nossos hábitos de acumular o desnecessário em nossas casas e ambientes de trabalho, aprender a viver bem com menos.

Se os bilhões de pessoas do planeta fossem acumular, consumir e depois desperdiçar e poluir como os europeus ou americanos, precisaríamos de três ou mais planetas para acomodar tudo isso. O fato é que só temos 1 planeta, então a simplicidade – viver de forma simples e deixar uma pegada pequena sobre a Terra – é um imperativo da sustentabilidade.

Muitos dos bens que acumulamos são feitos de forma barata, onde a mão de obra é barata, como na China ou Bangladesh. Nós os adquirimos e, rapidamente, nos cansamos deles, então os jogamos fora, e os aterros estão lotados. Ao contrário, a simplicidade considera a elegância e a beleza de cada aquisição. Tudo que temos deveria ser belo, útil e durável ao mesmo tempo.

Minha mãe dizia: "Tenha poucas coisas, mas tenha coisas belas, para que as valorize e use com prazer". Essa sabedoria tradicional já foi senso comum, mas, infelizmente, esse valor não é mais compartilhado.

O amor à simplicidade também é um pré-requisito para a espiritualidade. Para nosso bem-estar pessoal, precisamos ter tempo para nós mesmos, para meditar, praticar yoga ou tai chi, ler poesia e livros de ensinamentos espirituais, e estar em paz com nós mesmos. Para adquirir coisas e posses temos trabalhado muito e arduamente, aí ganhamos dinheiro e, depois, usamos o pouco tempo que sobra comprando e gastando esse dinheiro. No fim, temos sorte se temos tempo de aproveitar as coisas que acumulamos. E, ainda assim, reclamamos que não temos tempo para nós mesmos, para nosso bem-estar espiritual, para um trabalho imaginativo, para ler ou escrever poesia, para pintar e cultivar o jardim, para ouvir música ou fazer uma caminhada.

As casas entulhadas criam mentes entulhadas. Se vivemos de forma simples, precisamos de menos dinheiro. Libertados da necessidade de trabalhar mais, nosso tempo fica livre de uma rotina chata e pesada. Podemos perseguir nossa realização espiritual; podemos focar no nosso bem-estar pessoal ou no desenvolvimento de artes, do fazer com as mãos e de nossas imaginações. Podemos dedicar tempo e espaço para a amizade e o amor. É um belo paradoxo: o minimalismo material maximiza o bem-estar espiritual e ecológico.

A simplicidade também é pré-requisito para a justiça social. Se poucos tem demais, outros têm, invariavelmente, pouquíssimo. Precisamos viver de maneira simples para que outros possam simplesmente viver. Alguns querem luxos para além de uma casa, além de um carro, mais do que um computador, mais de tudo. Essa desigualdade representa injustiça e cria inveja e discórdia social. Eu conheço pessoas com luxos incríveis, e elas não são mais felizes do que aquelas com vidas bem mais simples. A felicidade não está na posse de coisas. Ela se encontra no contentamento do coração. Quando sabemos que o bastante é suficiente, temos sempre o que precisamos, e mesmo quando não o percebemos, o que tivermos vai ser bastante.

Quando falo de simplicidade, não falo de privação, de dificuldades e falta. Acredito em uma boa vida, em coisas belas, nas artes e nos artesanatos, e na suficiência. Acredito na alegria e na celebração. De fato, priorizo a elegância antes da simplicidade, pois acredito que devemos ser elegantes por natureza. Todos deveríamos ter uma vida confortável e agradável. Mas nossas vidas atuais, tão complicadas, não são mais confortáveis. Sacrificamos o conforto em nome da conveniência e essa busca sempre nos deixa perdidos.

Muitos têm todo o conforto negado. Se somos abençoados com riquezas, então podemos a utilizar para filantropia, para cuidar da Terra, para cuidar das pessoas. A simplicidade amorosa requer atenção, consciência e presença. "Qualquer tolo pode tornar as coisas complicadas. Os gênios são aqueles que as tornam simples", disse E.F. Schumacher. Todos nós temos, inatos a nós, essa genialidade. A única coisa que precisamos fazer é prestar atenção e descobrir como viver bem ao viver de maneira simples.

A economia da extravagância leva às guerras. A economia da simplicidade leva à paz. Quando buscamos padrões de vida cada vez mais consumistas e com crescimento econômico, tentamos monopolizar nossos recursos naturais. Vamos à guerra pelo petróleo, por terras e por outros recursos.

De Tolstói à Gandhi, todos os grandes reformistas sociais e escritores mostraram que o caminho para a paz é viver e praticar a simplicidade. Como Tolstói disse em *Guerra e Paz*, "Não existe grandeza onde não existe simplicidade, bondade e verdade".

26

Razão e ciência

Não podemos culpar a gravidade por cair de amores.

– ALBERT EINSTEIN

A humanidade está em uma jornada da separação para o relacionamento, da luxúria para o amor, do dualismo para a unidade. Um dos dualismos dominantes de nossos tempos é a desconexão entre ciência e espiritualidade, entre razão e amor. A partir da época da razão pura, nosso sistema educacional trabalhou duro para estabelecer a crença de que a ciência deve estar livre da espiritualidade e que a espiritualidade não pode ter nada a ver com a ciência. Em outras palavras, a razão deve dominar, enquanto o amor fica relegado ao reino pessoal.

Nas últimas centenas de anos, milhões de estudantes se formaram nas universidades introduzidos na crença de que a espiritualidade é uma questão da sua vida privada, se não for algo que deve ser ignorado por completo. Entretanto, essa crença ignora cientistas do passado e do presente que não veem nenhuma dicotomia entre o científico e o espiritual, entre amor e razão.

O fantástico poeta e cientista alemão Johann Wolfgang Goethe trabalhou com um espírito profundamente científico. Em seus livros *A Metamorfose das Plantas* e *A teoria das cores*, ele desafiou uma visão limitada e linear da ciência. Com essa compreensão fenomenológica da Natureza, ele desenvolveu uma ciência mais interrelacionada, cíclica e holística. Mas sua ciência idealista e espiritual tem sido ignorada por estudantes de ciências na maioria das universidades. Ele tem sido valorizado como um grande poeta, mas não como um cientista.

O mesmo é verdade para Leonardo da Vinci, que é lembrado como um grande artista, mas raramente como um influente cientista. Porque ele estava olhando para formas vivas e abraçou a ciência da qualidade além da quantidade, nossa ciência contemporânea de pensamento sistêmico e complexidade tem suas raízes em seu trabalho. O momento no qual pensamos na ciência das qualidades, o espiritual entra em cena também.

Albert Einstein também foi um cientista espiritual. Ele disse: "Qualquer um que esteja seriamente envolvido na busca pela ciência se convence de que um espírito se manifesta nas leis do universo e, que nós, seres humanos, devemos, com nossos modestos poderes, nos sentirmos humildes frente a ele". Einstein respeitava a dimensão espiritual da experiência humana, dizendo que "a ciência sem religião é cega, e a religião sem ciência é manca". Ele não estava falando sobre estabelecimentos religiosos organizados; ele estava falando da experiência espiritual, que vai muito além de dogmas institucionais.

Ao unir a espiritualidade com a ciência, o amor e a razão, unimos também significado a uma compreensão quantitativa. Esses dois aspectos não deveriam estar fragmentados ou separados. Um sentido inato de maravilhamento e curiosidade, de intuição e inspiração existe anteriormente ao conhecimento empírico da experimentação, das evidências e provas que levam às hipóteses e teorias científicas. Desprezar a intuição ou a inspiração, como fazem alguns cientistas materialistas, é uma grande tolice.

A palavra *espírito* significa, simplesmente, *sopro* ou *vento*. Não podemos ver, tocar ou medir o vento, mas podemos senti-lo. Como os galhos da árvore que se movem com o vento, os seres humanos são movidos pelo espírito. O fôlego, ou o vento, é força invisível e sutil que torna a vida possível. O visível é sustentado pelo invisível. A realidade externa material se mantém coesa devido ao poder interno da realidade espiritual. Reconhecer uma, mas negar a outra, é como querer que um pássaro voe com uma asa somente.

A realidade é composta de dois aspectos interrelacionados. Os chineses chamam essa harmonia de *yin* e *yang*. Os indianos os chamam de Shiva e Shakti. Positivo e negativo, luz e escuridão, silêncio e fala, cheio e vazio, espírito e matéria – o não-manifesto e o manifesto são partes de um único todo.

A união da ciência e da espiritualidade tem um objetivo bastante prático. A ciência sem a espiritualidade pode facilmente perder uma perspectiva ética. Cientistas sem a guiança da espiritualidade participaram na criação da bomba atômica e outras armas de guerra, participaram na engenharia genética, na inteligência artificial, nas práticas industriais de criação de animais nas quais eles vivem em condições cruéis, no desenvolvimento de tecnologias que criam resíduos, poluição e a destruição do mundo natural. A ciência sem a guiança de valores espirituais é responsável por muitos dos problemas que o mundo enfrenta hoje. A ciência precisa da ajuda da sabedoria espiritual para manter sua integridade e modificar seu poder. A ciência, por si mesma, não é benigna, livre de valores ou neutra. Pode ser sujeita à manipulação pelos ricos e poderosos políticos.

Assim como a ciência precisa da espiritualidade, a espiritualidade também precisa da ciência. Sem a ciência, a espiritualidade pode facilmente se converter em fé cega, dogmatismo, sectarismo e fundamentalismo. As pessoas sem uma mente científica dizem com facilidade: "O meu Deus é o único deus verdadeiro e eu sou dono da verdade. Todos devem se converter à minha verdade". Essa exclusividade religiosa tão pequena também levou a guerras, conflitos, terrorismo e divisão. A ciência ajuda a manter nossas mentes abertas para que possamos buscar a verdade e agir em benefício de toda a humanidade e para o bem de todos os seres vivos, humanos e mais-que-humanos.

Queremos viver de maneira fragmentada: ou como materialistas que descartam a dimensão subjetiva da sabedoria espiritual ou como religiosos que rebaixam o mundo objetivo das descobertas científicas? A escolha é nossa. Eu sugiro que abracemos a espiritualidade com uma mente científica. Para mim, a ciência e a espiritualidade são partes complementares do todo. A ciência é baseada na razão e a espiritualidade baseada no amor.

De acordo com o reconhecido neurologista Iain McGilchrist, nosso cérebro tem dois hemisférios. O esquerdo é o lugar da ciência e, o direito, o lugar do espírito, da intuição e do amor. Em seu livro *O mestre e seu emissário*, McGilchrist diz que o hemisfério direito (do espírito) deveria ser a força dominante, enquanto que o hemisfério da ciência e da razão é que deveria ser seu emissário. O amor duradouro é alcançado pela união dos dois hemisférios do cérebro.

Mas, influenciados por nossas vidas sociais, econômicas e políticas, e mesmo com o apoio da educação moderna, nós privilegiamos o hemisfério esquerdo e suprimimos o direito. O emissário comanda e o mestre está encarcerado!

A ciência e a razão são sobre teoria e quantificação. A espiritualidade é sobre uma realidade implícita e interna. A ciência olha o mundo e vê várias partes em fragmentos. A espiritualidade olha o mundo e vê o todo. A ciência considera a Terra, a Natureza, e mesmo o corpo humano em termos mecânicos. A espiritualidade os vê como organismos vivos.

A partir de uma perspectiva holística e não-dualista, precisamos dos dois lados. Precisamos ter o hemisfério esquerdo de nossos cérebros tão ativo quanto o direito. Nascemos com essas duas dádivas incríveis. Não faz sentido celebrarmos um e não o outro!

Vamos restaurar as qualidades espirituais do amor, da compaixão, da humildade, e da coletividade em nosso sistema educacional, e no mundo social, econômico e político. E vamos deixar que a ciência, a razão, a mensuração e a matemática informem nossos mundos religiosos, espirituais e emocionais.

A questão então é, onde começamos? Como garantimos que não exista fragmentação entre amor e razão, entre ciência e espiritualidade? A resposta é a educação. Temos que começar com nossas crianças. Em casa e na escola, nas universidades, devemos mostrar o cenário mais amplo, a história completa: dentro e fora, espiritual e material, amor e razão, coração e mente. Vamos trazer o amor de volta para a educação.

27

Educação

A educação é o acender de uma chama,
não o preenchimento de um vaso.

– SÓCRATES

A educação moderna promove, acima de tudo, a absorção de informação, e em segundo lugar, o conhecimento; infelizmente, existe pouco espaço ou oportunidades em nossas escolas e universidades para incluir a experiência e a sabedoria, a espiritualidade e o amor.

Muitos acreditam que um estudante é um vaso vazio e que a responsabilidade do professor é encher esse vaso com o máximo de informação útil possível. Essa é uma interpretação errônea da educação. A palavra educação vem do latim *educo*, que significa "guiar" ou "revelar", e o que isso sugere é que aquele que educa revela o que já está lá, ele traz para a superfície algo que estava dormente. Educar é tornar explícito o que já existe implícito.

Podemos comparar um estudante com uma semente. Uma árvore já está na semente. Um jardineiro ou fazendeiro não ensina a semente a

– 157 –

virar uma árvore. O trabalho do jardineiro é fornecer solo e condições adequadas para que a semente se autorrealize e se transforme em árvore. Os estudantes têm o mesmo potencial inato para se tornar o que são, à medida em que amadurecem. O trabalho do educador e, assim, das instituições de educação, é oferecer aos estudantes o encorajamento, assim como o ambiente e as condições que conduzem à autodescoberta e autorrealização.

A educação não deveria ser para a autopromoção ou auto interesse; educar não pode ser para adquirir um bom emprego e, com isso, comprar uma casa grande e outras posses materiais e conforto. A educação não deve ser para aumentar o ego ou o desejo por fama, *status*, reconhecimento e poder para nós mesmos. A educação é uma jornada de autodescoberta e autorrealização em serviço da comunidade humana e da Terra. Cada membro da nossa comunidade humana se beneficia da reciprocidade e cooperação porque somos todos relacionados, todos conectados.

A educação moderna gera adultos sem habilidades e confiança para serem resilientes e autoconfiantes, para servir de forma abnegada. A educação moderna cria funcionários. Os empregos que encontram são, principalmente, para cuidar de máquinas ou lidar com papelada. Mesmo os agricultores não tocam mais o solo ou as sementes, ou colhem os cultivos e ordenham as vacas com suas próprias mãos.

A maioria da industrialização foi na mesma direção. As máquinas substituíram as mãos humanas e, nessa era robótica, estamos lidando com a possibilidade de robôs substituírem os humanos cada vez mais. A educação moderna não é somente responsável pela perda de habilidades, mas também pela desumanização.

Para passar da informação para o conhecimento e da experiência para a sabedoria, que é o propósito da verdadeira educação, precisamos introduzir a ideia de aprender fazendo. Precisamos utilizar nossas mentes, corações e mãos para adquirir conhecimento e passar por experiências transformadoras. A sabedoria aparece quando o conhecimento encontra a experiência. A tarefa da educação não é de criar cada vez mais consumidores, mas de ajudar os seres humanos a se tornarem criadores e *makers*, poetas e artistas ao desenvolver habilidades e técnicas, bem como ao encorajar o uso de suas intuições e imaginações. Como disse o jornalista norte-americano Sydney Harris: "O propósito da educação é transformar espelhos em janelas".

Assim, cada escola e universidade deve ter uma horta, onde os jovens possam aprender a cultivar os alimentos. Aos estudantes e professores devem ser oferecidos os espaços e oportunidades para que cozinhem suas próprias refeições a partir de ingredientes saudáveis e frescos, para que a refeição escolar seja ocasião para criar comunidade e desenvolver o senso de pertencimento. Devemos também oferecer aos jovens oportunidades para aprender habilidades manuais, como cerâmica, marcenaria, tecelagem, reparos. O *status* da produção fabril e da produção manual deveria ser igual ao das ciências, matemática e literatura. Assim, aprenderíamos o fazer. Como já foi dito: "Me diga e eu esqueço, me ensine e eu talvez lembre, me envolva e irei aprender".

É hora de acordar e redescobrir o significado da educação, de transformá-la em uma peregrinação de autodescoberta. Isso só pode acontecer quando estamos preparados para abraçar as incertezas, ambiguidades, dificuldades e esforços. Somente quando temos problemas podemos então usar nossa imaginação para resolvê-los, em vez de fugir deles. No conforto de uma sala de aula, podemos obter informação; no luxo das bibliotecas, podemos adquirir conhecimento; mas a experiência só pode ser alcançada quando estamos na tempestade da vida e no terreno imprevisível da Natureza.

A tecnologia é sedutora e uma espada de dois gumes. Pode ser uma ferramenta útil para conexão, mas pode ser uma arma brutal de controle. Se a tecnologia é serva e utilizada com sabedoria para melhorar os relacionamentos humanos, sem poluir o ambiente ou desperdiçar os recursos naturais, então pode ser boa. Mas se ela se torna a mestra, e a criatividade humana e a integridade ecológica são sacrificadas em seu altar, então a tecnologia é uma maldição criada por nós mesmos.

Alguns dos entusiastas das tecnologias têm promovido a ideia de transformar a educação face a face em um sistema baseado na internet, operado por controle remoto, integrando as tecnologias de maneira completa e permanente no processo educacional. Ao fazer isso, as oportunidades para os relacionamentos pessoais e interações íntimas entre os estudantes e os professores são removidas.

Cada ser humano vem ao mundo com seu potencial único. Uma semente não vira uma árvore igual a outra semente. O trabalho do verdadeiro professor é de observar e reconhecer aquela qualidade espiritual única de uma criança, e então ajudar a nutri-la e cultivá-la com cuidado, atenção e empatia. Assim, a bela ideia da educação é manter a diversidade humana, a diversidade cultural, a diversidade de talentos por meio de sistemas escolares descentralizados, democráticos, de escala humana, espiritualizados e personalizados. Como podemos confiar que um computador irá "trazer à tona" o que é inato e único para qualquer criança humana?

Uma boa escola é uma comunidade de aprendizes na qual a educação não é pré-determinada por autoridades remotas; ao contrário, é uma jornada de exploração na qual estudantes, professores e pais trabalham juntos para descobrir as formas corretas de se relacionar com o mundo e de o fazer coletivamente. Assim, a educação é um ato improvisado e emergente.

A ideia do aprendizado digital por um controle remoto e com currículo pré-determinado se afasta totalmente dos ideais ricos e holísticos da educação. O ensino digital olha para as crianças como se fossem vasos idênticos que precisam ser preenchidos com informação externa. A qualidade da informação ou conhecimento fornecido às crianças remotamente e digitalmente é determinada de forma centralizada, por quem possui interesses pessoais em um determinado resultado. E esse resultado é, em geral, de transformar humanos em instrumentos para a máquina de dinheiro, para aumentar a rentabilidade de grandes corporações.

Esses sistemas centralizados e impessoais de educação digital destroem a diversidade e impõem a conformidade; destroem a cultura comunitária e impõem a cultura corporativa; destroem a diversidade cultural e impõem a monocultura.

Um computador não pode ensinar a gentileza. Só em uma comunidade de aprendizado real as crianças podem aprender a serem amorosas, gentis, compassivas e como serem respeitosas. Em uma comunidade escolar, as crianças aprendem juntas, brincam juntas, comem juntas e riem juntas. Se têm sorte, criam também peças teatrais e fazem concertos musicais. Fazem viagens escolares juntas. É a partir dessas atividades humanas que as crianças adquirem uma profunda apreciação pela vida. A educação é mais do que a aquisição de informação e fatos; a educação é a experiência viva. Sentar em frente a um computador por horas não é uma forma de desenvolver habilidades sociais, uma visão de mundo ecológica ou valores espirituais.

Colocar o futuro de nossas crianças nas mãos de gigantes digitais como Google, Microsoft e Amazon, e colocar essas corporações no comando de sistemas educacionais é uma receita para uma ditadura digital que abre as portas para o desastre. Se as sociedades democráticas são contrárias às ditaduras armadas, porque deveriam abraçar a ditadura corporativa, mais ainda sobre suas próprias crianças? Com essas tecnologias inteligentes, essas corporações são capazes de monitorar e explorar cada atividade de nossas crianças, e, depois, quando são adultos, de usar algoritmos e a manipulação de dados, para os controlar. Já vivenciamos a forma na qual algoritmos, inteligência artificial, biotecnologia, nanotecnologia e outras formas do que é chamado de tecnologia "inteligente" podem ser utilizadas para controlar, manipular e enfraquecer nossos valores democráticos. Os gigantes tecnológicos que consideram os humanos como "riscos biológicos" não podem receber a responsabilidade pelo futuro de nossas crianças. Como poderíamos permitir que tal realidade distópica emergisse?

Ao invés de investir em tecnologias virtuais, nossas sociedades deveriam investir nas pessoas. Deveríamos investir mais nos professores, em escolas menores. Deveríamos ter classes com menos estudantes e priorizar a tecnologia popular, imaginativa e apropriada. Nossas crianças não precisam aprender somente sobre a Natureza, mas com a Natureza. Precisam aprender com as florestas e com a agricultura, com a permacultura e agroecologia, com a vida marinha e selvagem. Esse conhecimento e habilidades não podem ser adquiridos olhando para uma tela de computador. A tecnologia e a ciência têm um papel na educação, mas vamos mantê-las em seu lugar e não permitir que dominem nossas vidas e as vidas de nossas crianças.

Estamos caminhando na direção de uma nova era: a Era da Ecologia. Assim, precisamos recalibrar nosso sistema educacional adequadamente. Ao focar em um paradigma educacional holístico, poderemos servir à ecologia e à economia ao mesmo tempo, ao amor e à razão, à ciência e à espiritualidade. Assim, teremos uma educação adequada para as gerações que virão.

28

Generosidade

Dizeis muitas vezes: "Eu daria, mas apenas a quem merece".
As árvores em vossos jardins não dizem tal coisa,
tampouco os rebanhos em vossos pastos.
Dão para que possam viver, pois guardar significa perecer.

– KHALIL GIBRAN

A generosidade é abrir mão do medo; medo por parte do doador, mas também por parte de quem recebe. Minhas experiências mais diretas de generosidade aconteceram em diversas culturas e continentes durante minha caminhada pela paz de treze mil quilômetros, que começou no túmulo de Mahatma Gandhi, em Nova Deli, e terminou no túmulo de John F. Kennedy, em Washington, EUA. Viajando a pé e sem dinheiro, eu não tinha escolha a não ser abrir mão de meus medos e confiar em meu coração, confiar que as pessoas que não me conheciam iriam me dar comida e abrigo, amor e bênçãos dia após dia, por mais de dois anos.

Na fronteira da Índia e Paquistão, uma das minhas melhores amigas, Kranti, veio até mim, oferecendo alguns pacotes de comida.

— "Pelo menos leve isso com você", ela disse, "Você está entrando no Paquistão. Ainda estamos em guerra. Para muitas pessoas de lá, a Índia é um país inimigo. Por favor, leve essa comida, e um pouco de dinheiro, caso precise".

— "Minha querida amiga", eu disse, "um dos propósitos da minha peregrinação é promover a paz entre inimigos e vivenciar a generosidade de pessoas comuns. Se eu levo comida para o Paquistão, então estou, de fato, carregando o medo em meu coração. O medo leva às guerras. Para criar a paz, eu preciso confiar. Os pacotes de comida que você está me dando não são somente pacotes de comida, eles são pacotes de medo e desconfiança".

— "Você vai entrar em países muçulmanos", ela disse, soluçando. "Países católicos, países comunistas, países capitalistas, lugares desconhecidos, com línguas desconhecidas, montanhas altas, desertos vastos, florestas selvagens, e neve congelante! Como você vai sobreviver sem dinheiro e sem comida? Não sei se vou te ver novamente!"

— "As pessoas são pessoas em todos os lugares", eu disse, tentando reconfortá-la. "E as pessoas são generosas. Mas se ocasionalmente eu não encontrar comida, então vou encarar esse dia como uma oportunidade para jejuar. Eu vou gostar da fome! Se, por ventura, não tiver abrigo de noite, vou dormir sob o teto do hotel de mil estrelas; com certeza é melhor do que um hotel cinco estrelas! Mas, principalmente, vou ter fé nas pessoas. Eu ficarei bem. Me dê as suas bênçãos. Me dê um abraço."

Assim que passamos o controle de imigração do Paquistão, para minha total surpresa, um jovem nos parou e se apresentou como Gulam Yasin. Ele nos perguntou se éramos os dois indianos que estavam caminhando pela paz através do Paquistão, em uma missão de boa fé.

— "Sim, somos", eu respondi, "mas como você ficou sabendo da nossa caminhada pela paz? Não conhecemos ninguém no Paquistão e não escrevemos para ninguém, e mesmo assim, aqui está você".

– "Sua história está viajando à sua frente. Quando ouvi sobre vocês, eu pensei... bem, também sou a favor da paz, e quero oferecer a eles a minha hospitalidade. Vim recebê-los e acolhê-los. Bem vindos ao Paquistão."

Tínhamos acabado de pisar no Paquistão e já estávamos vivendo um gesto genuíno de generosidade. Estávamos sendo recebidos por um completo estranho. Gulam Yasin nos disse que ele vivia a 26 quilômetros de distância, em Lahore, e nos ofereceu para nos levar de carro até sua casa, onde poderíamos ficar por quanto tempo quiséssemos. Nós o agradecemos, mas insistimos em caminhar e o encontrar lá, apesar do calor escaldante. Ele tentou nos convencer, mas explicamos que íamos andar toda a jornada a pé como um compromisso conosco mesmos. Garantimos a ele que iríamos vê-lo no ponto de encontro à noite, e, enfim, ele concordou.

Enquanto andávamos até Lahore, eu disse para Menon, "Se estivéssemos aqui como indianos, teríamos encontrado paquistaneses; se viéssemos como hindus, encontraríamos muçulmanos; mas viemos como seres humanos e, assim, encontramos seres humanos por onde quer que vamos. Durante nossa peregrinação, o cosmos é nosso país, a Terra é nosso lar, e a humanidade é nossa religião."

Como prometido, Gulam Yasin nos recebeu nos portões dos belos Jardins Shalimar. O sol do entardecer era uma bola de fogo se pondo atrás da majestosa Mesquita Friday. O ar estava repleto do aroma das flores de jasmim. A generosidade da Natureza só era igualada pelo generoso coração de nosso novo amigo.

Enquanto andávamos para a cidade, Gulam Yasin esteve ocupado convidando seus amigos, aparentemente falando a todos eles sobre a chegada desses dois idealistas indianos, que haviam saído para a caminhada pela paz. Vários amigos e familiares estavam reunidos em sua casa para um banquete maravilhoso de comida vegetariana, apesar de sua família não ser vegetariana. Arroz com açafrão e passas, amêndoas e cardamomo, pão *naan* recém saído do forno *tandori*, ervilhas e batatas

– 165 –

cozidas em cebola, alho e molho de tomate, e outros pratos deliciosos foram servidos. Eu olhei a mesa e todos os rostos sorridentes ao meu redor naquela noite, apreciando a incrível e generosa hospitalidade com a qual fomos recebidos em nosso primeiro dia fora da Índia e em território considerado inimigo.

Nos vinte e oito meses que se seguiram, enquanto estávamos na estrada, fomos cuidados com a maior gentileza por estranhos em suas tendas a 11 mil pés nas montanhas Kush no Afeganistão, em casebres de barro em pequenas vilas ao redor de oásis nos desertos do Irã, em cabanas cobertas de neve na Armênia e Geórgia, nas aquecidas casas de fazenda na Rússia, nos apartamentos em Moscou, e nas cidades e subúrbios efervescentes da Europa. Quer fosse em Berlim ou Bonn, em Paris ou Londres, em Nova Iorque ou Washington, foi a generosidade inata do coração humano que nos sustentou em todos esses locais, apesar do fato de estarmos caminhando durante o auge da Guerra Fria. Fomos recebidos em casas pessoais, em albergues, em hospitais, estações de polícia, igrejas e acomodações estudantis. Onde quer que fôssemos, éramos recebidos com hospitalidade generosa por pessoas que nunca mais veríamos e que não esperavam nada em troca. Essa doação altruísta não foi a exceção em nossa jornada, mas a regra. A confiança gera confiança. O amor gera amor.

Quando nascemos, estamos pelados e somos totalmente vulneráveis. E, ainda assim, o benevolente universo, com sua generosidade, colocou leite nos seios de nossas mães, junto de sua vontade de proteger e nutrir seus bebês. Nossas mães nos carregaram em seu ventre por nove meses. Elas sofreram as dores do parto para nos trazer ao mundo. Nos amamentaram nos primeiros anos de nossas vidas. Que melhor exemplo de generosidade podemos encontrar? Tudo por causa do amor. Toda mãe é uma heroína. Para mim, a maternidade é sinônimo de generosidade; é nosso exemplo vivo da generosidade altruísta e as mães são a materialização do amor incondicional. Precisamos expressar nossa gratidão por nossas mães e prestar homenagem ao reconhecer sua generosidade de espírito.

Generosidade não é apenas uma qualidade humana. A cada dia fico maravilhado de ver a generosidade da Natureza. Eu plantei uma muda de macieira trinta anos atrás. Essa pequena planta virou uma bela árvore e me deu centenas de maçãs, ano após ano, pelos últimos vinte e cinco anos. A árvore nunca me pediu nada de volta. Eu aprendi lições de amor incondicional e generosidade com as árvores.

Frutos, flores, grãos, ervas e vegetais de milhares de variedades, cores, aromas e formas nos alimentam e nutrem dia após dia. Eles crescem a partir da generosidade do humilde solo. E, ainda assim, muitos humanos, por ignorância ou arrogância, menosprezam a Natureza. Vamos perceber a verdade da generosidade da Natureza e expressar nossa gratidão. Obrigado árvores, obrigado solo, obrigado chuva, obrigado raio de sol, obrigado Mãe Natureza, obrigado deusa Gaia.

Mutualidade e reciprocidade são as pedras fundamentais da casa da generosidade. Eu recebi muito de estranhos, dos meus ancestrais, da natureza, e, assim, quero ser generoso com estranhos que encontro no meu caminho. Quero ser generoso com as gerações ainda por vir e deixar boas coisas para elas. E quero devolver para a Natureza algo ao plantar árvores, criar bom solo para minha horta e praticar formas regenerativas de produção de alimentos como a permacultura e a agroecologia.

Que todos os seres nesta Terra, humanos e mais-que-humanos, vivam bem, vivam em paz, encontrem realização, e se autorrealizem. Que possamos cultivar generosidade de espírito em nossos corações para toda a humanidade e todo o planeta.

Como disse Pablo Picasso: "O propósito da vida é se doar".

29

Dez caminhos para o Amor

Ouvir sem interromper
Compartilhar sem fingir
Falar sem acusar
Aproveitar sem reclamar
Dar sem guardar
Confiar sem duvidar
Rezar sem parar
Perdoar sem punir
Responder sem discutir
Prometer sem esquecer

– ANÔNIMO

Agradecimentos para a edição brasileira

O Brasil já enviou mais participantes ao Schumacher College do que qualquer outro país no mundo. A Escola Schumacher Brasil também foi estabelecida, onde os brasileiros podem cultivar seu profundo amor pelo nosso precioso planeta Terra e podem aprender a viver em paz com o mundo natural. Também fico muito satisfeito com o lançamento do documentário brasileiro feito comigo, para que os ideais da dignidade humana e da integridade da Natureza possam ser ressaltados. A minha esperança é que o Brasil proteja sua herança natural como suas magníficas florestas tropicais e honre a sabedoria de suas comunidades indígenas. O mundo pode aprender com o Brasil que o bem-estar do planeta e o bem-estar das pessoas são duas faces da mesma moeda. Agradeço aos meus amigos brasileiros e meus anfitriões por todo amor e apoio que sempre recebo. Que o livro, Amor Radical, inspire os leitores a viver em harmonia consigo mesmos, com todas as pessoas, independente de sua religião, raça, nacionalidade e gênero e com o belo planeta Terra.

Agradecimentos

Primeiramente, minha mais profunda gratidão é por June Mitchell, minha amada esposa e companheira de vida por mais de cinquenta anos, que me ajudou tremendamente a escrever *Amor Radical*. Quero expressar minha apreciação profunda a Claire e Roger Ash-Wheeler que me ofereceram seu belo lar na Cornualha, na Inglaterra, para que eu pudesse completar esse livro em um ambiente tranquilo. E também meu obrigado genuíno a Paul Maisano que editou esse livro com habilidade, diligência e cuidado. Sem a consideração e supervisão simpática de Hisae Matsuda ao unir todos os elementos, o projeto do livro nunca teria sido bem sucedido. Então, ofereço meu obrigado genuíno a Hisae e a todos na Parallax Press por sua ajuda e apoio.

De forma mais ampla, gostaria de agradecer a todos estudantes e membros do Schumacher College, onde desenvolvi as ideias para *Amor Radical* durante minhas conversas ao pé da lareira, durante sessões de ensino e conversas informais. Da mesma forma, agradeço aos editores e leitores da revista *Resurgence & Ecologist*. Muitas das minhas ideias foram desenvolvidas ao longo dos anos enquanto escrevia para as páginas da revista. Toda nossa prosperidade é mútua e todo nosso trabalho é uma cocriação. O livro talvez tenha meu nome, mas as ideias e inspirações vieram de muitas fontes.

Sobre o autor

SATISH KUMAR é um ativista pela Paz e pelo meio ambiente e está, há mais de cinquenta anos, promovendo a mudança necessária que a humanidade precisa fazer.

Ele tinha apenas nove anos quando deixou a casa de sua família para se unir aos jainistas reclusos e dezoito quando decidiu que iria voltar ao mundo, em campanhas pela reforma agrária na Índia e trabalhando para realizar a visão de Gandhi para um mundo em Paz.

Inspirado pelo exemplo do ativista britânico Bertrand Russell, aos vinte anos, Kumar iniciou uma peregrinação de treze mil quilômetros ao redor do mundo pela Paz. Sem dinheiro e dependendo da gentileza e hospitalidade de estranhos, ele e um amigo andaram da Índia até as Américas, passando por Moscou, Londres e Paris, para entregar um modesto pacote de "chá da paz" para os líderes das quatro potências nucleares do mundo.

Em 1973, Kumar se estabeleceu no Reino Unido, se tornando editor da revista *Resurgence* (que mais tarde se chamaria *Resurgence & Ecologist)*, uma posição que manteve até 2016, tornando-se o editor com mais longa carreira em uma só revista, de todo Reino Unido. Durante esse tempo, ele tem sido o espírito guia por trás de muitas iniciativas ecológicas e educativas internacionalmente respeitadas. Ele é cofundador do Schumacher College, um centro internacional para estudos ecológicos, onde continua a servir como Professor Visitante.

Sua autobiografia, *No destination*, publicada pela primeira vez pela Green Books em 1978, vendeu mais de cinquenta mil cópias. Ele também é autor de *You are, Therefore I am; The Budha and the Terrorist; Earth Pilgrim; Solo, Alma e Sociedade* (Editora Palas Athena); e *Simplicidade Elegante* (Editora Palas Athena).

Ele continua a ensinar e oferecer oficinas em ecologia sagrada, educação holística e simplicidade voluntária, e é um palestrante muito requisitado no Reino Unido e em todo o mundo.

Em 2022, Satish Kumar recebeu o Prêmio da Paz Goi (Goi Peace Award) em reconhecimento à sua dedicação de uma vida inteira pela regeneração ecológica, justiça social e realização espiritual. Por meio de seus escritos e atividades educacionais, e como um exemplo vivo de princípios ecológicos e espirituais para uma vida simples, ele inspirou muitas pessoas a se transformarem para transformar o mundo.

CONHEÇA TAMBÉM

Pensamento Vivo - as plantas como mestras
CRAIG HOLDREGE

Publicação em parceria com Escola Schumacher Brasil

Este é muito mais do que um livro sobre plantas – embora ele também discorra sobre como podemos desenvolver a capacidade de apreciação mais profunda desses seres vivos.
Craig Holdrege tem como inspiração a fenomenologia goetheana e o trabalho de Rudolf Steiner. O autor parte do pensamento cartesiano e segue para além da visão sistêmica, desenvolvendo um conhecimento refinado que nos leva ao pensamento vivo.
Este livro é, ao mesmo tempo, uma revisão da construção intelectual acerca do mundo natural e um chamado para uma nova relação com não-humanos, tão necessária. Eles estão somente nos esperando...

Formato 15x23cm – 224 páginas – com ilustrações e fotos coloridas

Esperança Ativa
JOANNA MACY E CHRIS JOHNSTONE

No coração desse livro está a ideia de que Esperança Ativa é algo que nós fazemos ao invés de algo que nós temos. É ter clareza sobre o que nós temos esperança que aconteça, então desempenharmos nosso papel no processo de fazer isso acontecer.
Quando nossas respostas são guiadas pela intenção de agir pela cura de nosso mundo, a confusão em que estamos não apenas se torna mais fácil de encarar, nossas vidas também se tornam mais significativas e satisfatórias.

Formato 15x23cm – 248 páginas – com gráficos e ilustrações

Ecodarma - ensinamentos budistas para a urgência ecológica
DAVID LOY

Como podemos responder com urgência e eficácia à crise ecológica – e manter a sanidade fazendo isso?
Este trabalho marcante é simultaneamente um manifesto, um projeto, um apelo à ação e um profundo conforto para tempos difíceis.
Nessas páginas, você descobrirá as maneiras poderosas de o budismo nos inspirar a curar o mundo que compartilhamos.
Oferecendo uma estrutura atraente e recursos espirituais práticos, Loy descreve o caminho do Ecosatva, um caminho de libertação e salvação para todos os seres e o próprio mundo.

Formato 15x23cm – 224 páginas

www.bambualeditora.com.br